TopBook
饕书客

一个人，遇见一本书

无刃之刀 日本自卫队

JSDF

THE JAPANESE SELF DEFENSE FORCE

如中日必有一战

知己知彼 方能百战不殆

军国主义的不死亡魂？

尚未开刃的锋利军刀？

第一手最新资料揭秘日本海陆空三大自卫队

百余张高清图片 呈现日本自卫队前世今生

华丹·著

战争 006

毅 编

TopBook 饕书客

新华出版传媒集团

人民出版社

图书在版编目（CIP）数据

日本自卫队/ 华丹著.--西安：陕西人民出版社, 2015

（战争特典）ISBN978-7-224-11779-0

Ⅰ. ①日… Ⅱ. ①华… Ⅲ. ①自卫队－概况－日本Ⅳ. ①E313.1

中国版本图书馆CIP数据核字(2015)第321857号

出 品 人：惠西平

总 策 划：宋亚萍

策划编辑：关　宁　韩　琳

责任编辑：王　倩　王　凌

设计制作：毛小丽　唐懿龙　李　静　杨　博　王　芳　张英利　任晓强
张玉民　符媛媛　张　静　任敏玲　张　斌　任海博

日本自卫队

主　　编　宋　毅
作　　者　华　丹
出版发行　陕西新华出版传媒集团　陕西人民出版社
（西安北大街147号　邮编：710003）
印　　刷　陕西金和印务有限公司
开　　本　787 mm×1092mm　16开　13.25 印张
字　　数　216 千字
版　　次　2016年4月第1版　2016年4月第1次印刷
书　　号　ISBN 978-7-224-11779-0
定　　价　39.80 元

CONTENTS 目录

第一章
养在深闺人未识

一、拥抱战败

1.“麦克阿瑟天皇”的改造

战败总是令人懊恼和沮丧的，但战后美军对日本的占领并不是按照“成王败寇”的理念和方式展开，作为战败者一方的日本反而因外国占领结束了军部独裁，从而使日本社会重新焕发了生机。1945年8月30日下午2时，麦克阿瑟的“巴丹号”专机在横滨的厚木机场降落，在此后的6年间，他成为7500万日本人的绝对统治者。麦克阿瑟及其所代表的联合国占领军将如何

◇ 2015年6月23日，日本政府为冲绳战役战死者举行悼念仪式

◇ 冲绳战役的巨大伤亡迫使美国使用原子弹

主宰这个谜一般的国度？该国让美军在太平洋战场苦不堪言，日本军人战斗之顽强出乎美国人的意料，在冲绳战役中，美军惨胜，共有超过 48000 人伤亡，是美军在太平洋战争中经历的最血腥的战斗，连最高指挥官巴克纳中将都战死了。美军战斗条令规定，只要部队伤亡率超过 20%，这支部队就被视为失去战斗力，必须立即撤出战斗进行休整。这场战役的伤亡率是有史以来第二高的：48%，仅次于西线的阿登战役。

美军认为，虽然在军事上征服了日本，但是并未在精神上彻底征服这个桀骜不驯的民族。用什么方法能够消除大和民族的好战基因？这始终是困扰美国政府的难题，更关乎美国的国家利益。为此，1943 年，美国就已着手制定战后对日政策。在日本签署投降书后不到三周，美国政府就于 1945 年 9 月 22 日公布了《投降后初期美国对日方针》，其中所表述的占领目标有两条，即“保证日本不再成为对美国或世界和平与安全的威胁”和“最终建立起一个尊重其他国家的权利，并支持反映在联合国宪章的理想和原则之中的美国的目标的和平和负责任的政府”。

◇ 以麦克阿瑟为首的联合国占领军登陆日本

作为占领当局最高机构的联合国占领军司令部（英文简称“GHQ”，以下使用简称）从长远考虑，保留了天皇制和日本政府，并通过下达各项指令给日本政府的方式，对日本进行间接统治，因而从这个角度来说，日本所谓的无条件投降实际上是有条件的。但无论如何，占领军的到来，把日本政府的权力关进了笼子，同时也把民众的权利放出了笼子。

在这种占领目标指导之下，美国对日本实施了五大改造。首先进行的就是非军事化改造。GHQ 进入日本后的头等大事是解散一切军事组织，勒令日本政府“自废武功”。1945 年 8 月 15 日日本政府正式无条件投降时，手中仍拥有一支庞大的军队。当时陆军有普通师团 169 个、坦克师团 4 个、飞行团 15 个，总兵力超过 550 万，其中 240 万在日本国内，310 万在海外各国。海军虽遭到重大打击，大部分舰艇已不复存在，但海军地面部队仍有 170 万人，此时日本海军的规模仍是史上最庞大的。

联合国军占领日本后，关于解散日本军队的指示被迅速贯彻落实，至 1945 年

9 月底已完成 80%，至 10 月底基本完成。日军的大本营于 9 月 15 日被废止，海军军令部、陆军参谋本部、陆海军两省也分别于 10 月至 12 月被解散。为达到解除军事武装，实现非军事化的目的，除解散军队和军事机关之外，占领军还着手废止秘密警察、逮捕战争罪犯、解散在乡军人会等军国主义团体、排除军国主义流毒等。在一连串非军事化行动中，影响最大的是开除军国主义分子的公职一事。自 1946 年 1 月 4 日麦克阿瑟发出开除公职的指令后，褫夺军国主义领导人的公职作为实现非军事化的目标一环而被抓紧推行。开除对象分为战犯、职业军人、民间极右组织干部、占领地区的地方行政长官四类，其中职业军人包括陆海军所有将校级军官，这些人占了 20 万开除对象的 80% 以上。

非军事化改造还有一重要事项是销毁武器装备。日本战败后遗留下来的各型武器装备被相当彻底地销毁或转作他用，装甲车上的武器被拆除，变为城市垃圾清理车，仅存的“长门号”战列舰被送到比基尼岛当了核试验的靶子，部分驱逐舰充抵赔款被中国国民政府拉回国内，潜艇被凿沉深海，而战斗机则干脆被集中到一起焚毁。一夜之间，图谋“开拓万里波涛，布国威于四方”的“天皇之国”

◇ 罢工和示威在战后日本是家常便饭，警民冲突中警察通常打不过工人

沦为军事上无足轻重的国家。战争带来的灾祸让日本人猛醒，对于这些“自废武功”的行为，日本国民带着轻松的心情予以大力配合。也就在一夜之间，普通人对武士刀的狂热陡然转变为对白米饭、巧克力和尼龙袜的追求，而日本政府也不折不扣地按照联合国占领军的指示，拆卸销毁了所有武器装备。作为非军事化的一环，占领军还利用日本警察严密搜查民间所有的枪炮刀剑，彻底收缴了民间武器。这些措施对军部企图保存部分军事力量的计划无疑是一个沉重的打击。

◇ 著名演员三船敏郎塑造的海军军人形象

到了1947年，在日本政府所掌握的暴力机构中，最有实力的也不过是装备警棍、手铐和哨子的治安警察而已，为此在罢工引发的各种冲突中，警察往往打不过工人、学生以及演员。1947年，因为劳资纠纷和制片理念的冲突，数千名东宝映画公司的演员与警察发生大规模对峙与冲突，警察三次发动攻击都被打得落花流水，成为当时的笑柄。这些演员不仅是电影中的武士，还是真正的战士，有的甚至在战场上与人拼过刺刀。战后日本兴起了对美国狂热崇拜的浪潮，电影圈中人不看好莱坞大片都不好意思谈论电影是怎么回事儿。而包括东宝映画在内的日本电影六大垄断集团，在制作观念等方面都还残留着战时甚至战前的思维模式，加之多年的战争和政治钳制，使日本电影在质量上出现大幅倒退。当时日本电影厂商只要有钱随时可以在国际市场上买到美国的经典巨片，好莱坞大片的拍摄质量和新鲜感征服了日本观众，本土电影黯然失色，票房大跌。在这种情况下，谁也不愿意投钱冒险拍新片，使电影公司纷纷亏损，难以为演员提供更好的报酬，劳资矛盾日益激烈，加上左派组织的推波助澜，兜里没钱的老板和员工自然会闹起来。

抛开这一次对抗事件的深层原因，其现实表现是日美之间由于大片的引进造成的文化和经济冲突。5000名男女演员一起罢工，蔚为壮观，且由三船敏郎这样的大腕带头，啦啦队都是当红女星（东宝映画的女星在日本都是周迅、汤唯级别的），可谓声势浩大，影响极广。演员们喊出了“保护日本文化”的口号，将矛头直指好莱坞大片，指责其代表着文化侵略，这样冠冕堂皇的理由比“演员也要吃饭”、“不涨工资就不拍戏”理直气壮多了。大片的引进引起的文化冲突居然可以引发一次示威，这固然令人吃惊，但此后这些演员的表现更让人吃惊。当时日本全国都被解除了武装，警察连刀都不许带，只能用警棍，而演员们却拥有角铁、铁锹等“制式武器”，而且军事素养极佳。日本政府对此一筹莫展，最终美军不得不出动坦克等重型装备才冲入制片厂，镇压了演员罢工。

第二，在政治改革方面，废除内务省的设置，解除党禁报禁。战前在“举国体制”下麻痹民众的国家神道、中央集权的警察制度，以及控制舆论的书报审查制度都由内务省一手控制，如果不能从根本上废除这个部门，其权力就无法消解和分散，改革也得不到保证。GHQ正式运作后立即宣布国民拥有言论与出版自由，明确规定报纸、电台等不再接受官方审查，使媒体真正成为监督政府的舆论工具。日本作家高见顺在1945年的日记中写道：“蔬菜鱼类可以自由销售了。可以自由收听国外的广播了，这都是令人开心的好消息”，“麦克阿瑟司令部今天发布了新闻言论自由的新措施。这样一来什么都可以自由写了！什么都可以自由出版了！有生以来第一次的自由！应该由本国的政府给予人民的自由，却由占领自己国家的外国军队第一次给予了，想起来真令人羞愧难当。战争打输了，因占领军的进入而失去自由，这是容易理解的，但我们却是相反，占领军保障了我们的自由，这是多么令人羞愧的事！”

GHQ还解除了党禁，释放了日本共产党总书记德田球一，此人在军国主义时代就被关入大牢，决心把牢底坐穿，他出狱后激动地把联合国占领军称为“解放军”，每天一早就到盟军司令部向麦克阿瑟问安，然后直奔宫前广场搞示威游行，领导罢工。而与此同时，为了推动国内市场与消费需要，日本政府还主动提出了建立工会，保护工人合法权利，为战后日本经济的起飞打造了人才环境。

原来由内务省统管的一部分权力被分给内阁的其他部门，地方长官（知事）不再任命，而是由民选产生。与中央首长产生方式一样，地方首长也通过选举产生，确立了地方高度自治的体制，防止权力集中在某些人身上。而战前的自由派人士也都因为自由的思想以及各种反战言行被各地民众选进了国家权力中心，成为确保民主的强大力量。

第三，废止战前的皇民教育制度，构建民主主义教育体制。这里不能不提到日本对教育的重视。再苦不能苦孩子，日本宣布投降后两周，全国中小学就复课了，尽管很多教室的三面墙壁都塌了，但“蓝天教室”却遍布全国。日本战败后，以美国为首的盟军进驻日本的第一件事，就是在着手制定日本宪法之前，更早一步地对日本的教育制度进行彻底改造。

◇ 战后日共组织罢工打出的标语

1946 年 3 月，美国政府向日本派遣了由 27 名教育学者和心理学者组成的“美国教育使节团”，旨在考察日本教育现状，指导日本政府确立新的教育理念与制度。同年 5 月，日本文部省根据使节团发表的报告，颁布了《新教育指针》（以下简称《指针》）。《指针》着重强调了两点，一是消除军国主义以及极端国家主义，二是尊重人性、人格和个性。其中特别指出：“不可凡事不明缘由地服从上级命令，而应该基于理性进行自我判断，生成自主性态度，展现个人优势和潜能，成为一名出色的人。换言之，必须认真理解到：自我个性的完善不仅是为了个人，也同时是为了国家和人类。只有如此地改变国民的态度和心境，才能将军国主义以及极端国家主义从根本上且永久性地铲除。”从此，战前日本皇民教育思想从根本上被摒弃了，取而代之的是有关和平及民主的主张。1947 年，义务教育延伸至初中三年级，大学教育也急速发展，战前“帝国大学”的招牌被摘除，新的大学如雨后春笋般建立。与此同时女性被准许进入公立和私立大学就读，学校管理也采

◇ 战后初期遍布日本的“蓝天教室”

用美国制度，各地成立学校教育委员会，教育的控制权转移到地方手中。到了20世纪50年代，日本的教育开支竟占政府开支的一半。

第四，在经济方面，推行农地改革，一举解决“三农”问题。战前日本农民的生存状况可谓悲惨，在旧的土地制度下，土地一直掌握在为数不多的地主手中，1945年末，占农村人口3.3%的地主占有全部土地的40%，而占人口3/4的农民却只能拥有不到1/4的土地。同时地主还是日本旧统治体制中的重要一环，旧的地主与佃农之间所形成的生产关系，使众多的农民被迫过着贫困的生活。而被愚弄的无地农民常常成为日本对外扩张的借口，当九一八事变发生时，一家报社的记者随机向包括农民、小生产者等在内的10位日本人问询他们的态度，竟有9人表示拥护军部和政府对中国进行侵略。日本战败后，地主作为日本侵略性旧体制中非民主化的重要一环，自然而然地成为以美国为代表的盟国所要清除的对象。1946年召开的第90届议会通过了《农地调整法修正法案》和《建立自耕农特别措施法案》，主要内容为：第一，政府以10公亩水田450日元、旱地60日元的“一口价”强制收买在外地主的全部耕地，并将这些土地低价卖给佃户；第二，任何人拥有的农村土地面积不得多于3公顷；第三，剩下的佃耕地地租以现金形式交纳，将交纳现金地租的比率限制在水田收成的25%、旱地收成的15%以内。与其说是“收买”，不如说是毫无顾忌地从地主那里把土地抢过来分给农民。经过这样的改革，日本的地主阶级自然而然地没落了。在占领军的“指导”下，同时借助日本公务员队伍高度的运行效率，农地改革很快取得了成功，为农业生产效率的大幅提高奠基铺路，也为国家经济腾飞提供了巨大的人力资本。

最后，解散了封建家族式的财阀，按照西方模式改造日本企业，切断了财阀对下属企业的控制。在战时跟在日军侵略铁蹄后的正是三菱、三井、住友、日产、安田等大财阀，他们迅速掌控占领区的经济资源和金融机构，更进一步地压榨占领区人民，其危害怎么说都不为过，这一点 GHQ 非常清楚。GHQ 以刺刀为后盾，直接将庞大的财阀集团分割成了多个无足轻重的普通企业，原先家长制的财阀集团决策层向协商式的董事会转型，实现了经营权和产权的分离。

2. 精神原子弹：“和平宪法”的降临

日本有着世界上独一无二的“和平宪法”，而这一宪法也成为日本的“防波堤”。实际上，战败以来的 70 年间，日本虽偶有政治家口吐狂言或参拜靖国神社，却没有发动过一次战争，可以说该法“功不可没”。麦克阿瑟对日本最大的影响正是替日本政府制定了这部宪法。如何消除日本民族的好战本性，使之从仇敌转变为美国的忠实盟友，始终是麦克阿瑟苦苦思索的难题。美国人认为通过指令日本政府接受和颁布《日本国宪法》也许是极好的选择。1946 年 11 月 3 日，《大日本帝国宪法》这部“永不磨灭的大典”磨灭了，取而代之的是彰显和平与民主精神的《日本国宪法》，这部宪法以和平主义为主基调，为战后日本应成为什么样的国家、如何发展指明了基本方向。虽然新宪法名义上是由日本政府公布的，但实际上是在 GHQ 的强制下出台的，是日本政府在被占领状态下被动接受的结果。

新宪法强调了“象征天皇制、放弃战争与军备、废止封建制度”三大原则，同时要求日本必须建立人权保障、两院制国会、地方自治等战前所没有的制度。这部宪法之所以被称为“和平宪法”，在于第 9 条的表述。新宪法第 9 条全文如下：

（第一项）日本国民真诚地追求建立在正义和秩序基础之上的国际和平，不行使武力或以武力相威胁，永远放弃以战争作为解决国际纷争手段的权利。

（第二项）为达到前项之目的，不保持陆海空三军战力，不承认拥有交战权。

第一项是放弃战争条款，第二项是废除军备条款。以这样的言语来表达追求

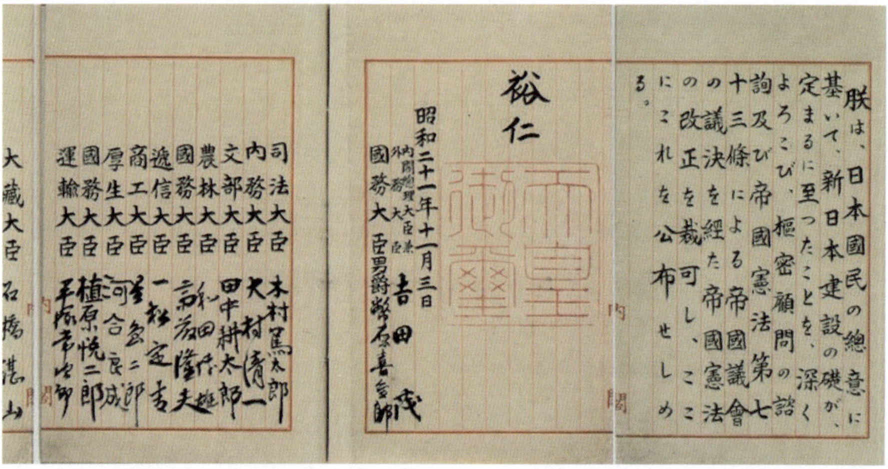

朕は、日本國民の總意に基いて、新日本建設の礎が、定まるに至つたことを、深くよろこび、樞密顧問の諮詢及び帝國憲法第七十三條による帝國議會の議決を經た帝國憲法の改正を裁可し、ここにこれを公布せしめる。

裕仁

天皇御璽

昭和二十一年十一月三日

内閣總理大臣兼外務大臣 吉田茂

國務大臣 男爵 幣原喜重郎

司法大臣 木村篤太郎

内務大臣 大村清一

文部大臣 田中耕太郎

農林大臣 和田博雄

國務大臣 齋藤隆夫

遞信大臣 一松定吉

商工大臣 星島二郎

厚生大臣 河合良成

國務大臣 植原悦二郎

運輸大臣 平塚常次郎

大藏大臣 石橋湛山

◇ 日本政府公布“和平宪法”的诏书

国际和平的愿望，将“放弃战争”的思想写入宪法并不是日本的独家创造，但声明“废除军备”者，迄今为止除了日本之外绝无仅有。把“放弃战争”写进一个国家的宪法是一个很了不起的进步。但除了要放弃战争，还要放弃军备，平心而论，这一点实际上是很难做到的。由于“和平宪法”的制约，日本的武装力量至今不能被称为“军队”。

宪法在 1946 年 3 月就已经定稿，到 11 月一公布就得到了知识精英、社会舆论以及广大民众的广泛欢迎与支持。日本的失败，加上广岛和长崎受到原子弹轰炸，使得日本社会在民众心理与对外政策上均受到重大冲击，发生深刻转变。反战情绪可能是当时最为明显的集体社会心理表现，那场惨烈的战争在日本民众的心中留下了深深的烙印，使得无论是平头百姓还是政治精英都表现出了强烈的反战态度。因为战败，他们长期以来所秉持的价值观和世界观彻底崩塌了，很多人在战后的废墟上对今后的发展方向感到迷茫，而这部宣称放弃战争和军备的宪法使他们找到了新的理想前景。根据当年 5 月《每日新闻》的舆论调查，对于宪法草案中关于“放弃战争和军备”的第 9 条，70% 的被调查者表示赞成，只有 28% 的人表示反对。因此，宪法第 9 条在国会审议过程中没有遇到什么阻力就通过了。

匪夷所思的是，这部“高大上”的宪法居然是由联合国占领军的几个上尉中尉拟制的。美国在战时实行征兵制，社会各界踊跃参军，一时间军中人才济济，要找出律师出身的军官不是难事。短短两周宪法就已成稿，麦克阿瑟仅仅修改了其中的几处拼写错误。正因为这些律师几乎对日本历史与文化一无所知，“和平宪法”似乎放之四海而皆准，从中很难找到日本的影子，一些人明确表示了不满：“就其制定的根源而言是为了解体旧日本，它规定要培养‘和平’、‘民主主义’、‘尊重人权’精神的人，却丝毫不提及日本的历史传统、文化背景，不正视国家与共同体。这样的冠冕堂皇的条文拿到任何国家都适用，它是要培养蒸馏水一样的人，却不是培养具有伟大魂魄和脊梁的日本人！”

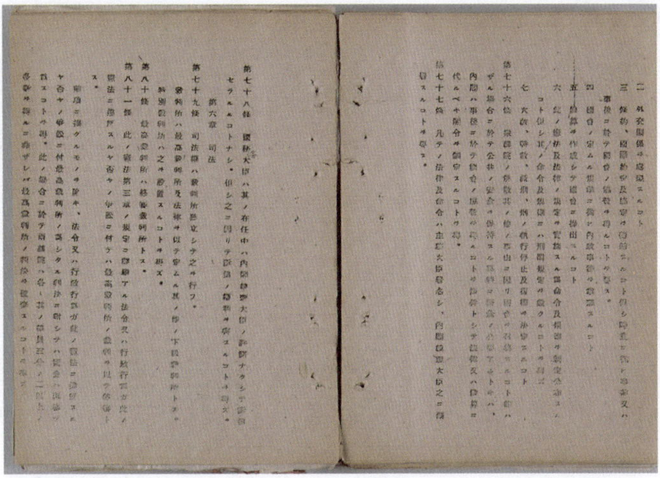

◇ 《日本国宪法》条文

这部人类历史上第一次出现了歌颂“放弃战争、废除军备”条款的宪法在宣传了半年后，于 1947 年 5 月 3 日正式生效，麦克阿瑟志得意满，强调：“《日本国宪法》的制定可以说是我在任期间唯一的，而且是最重要的成果。”不过，“和平宪法”的尘埃落定并不意味着日本承诺放弃自卫的权利，因为自卫权是《联合国宪章》第 51 条明文规定的主权国家固有的权利，后来创立的自卫队便援引此条款作为其法理依据。

具有讽刺意味的是，朝鲜战争爆发后，麦克阿瑟要求日本成立军队，但受“和平宪法”制约，最终只建立了“警察预备队”这种非军队性质的武装力量，这让他本人越来越觉得自己搞的宪法第 9 条简直是作茧自缚，并流露出“这个条款超前了 100 年”的抱怨。

3. 新日本的诞生

对于美军的占领，普通国民的心情颇为矛盾，屈辱感和解放感交织在一起。

事实证明，作为战败者一方的日本反而因外国占领结束了军部独裁，从而使日本社会重新焕发了生机。日本历史学家家永三郎曾这样指出占领军的“训政”对于日本人的意义：“长年在精神的牢狱中失去了思考力的人们正在一筹莫展之际，一个忍耐了许久之后终于可以一吐胸中郁闷的时机到来了。即使这种自由是占领军绝对统治之下的有限的自由，但对治安法的彻底废除，将前大日本帝国统治者作为战犯关入监狱，实施妇女参政的大选，承认工会组织和罢工的合法，废除国定教科书，解放农地，解散财阀，等等，这些不断推出的一系列改革，使人们认识到一个划时期的新时代来到了。”

时势造英雄，在百废待兴的战后日本，出现了一位被誉为日本复兴中流砥柱的伟大人物——吉田茂，他任首相近 7 年，被称为“日本的丘吉尔”。与其他政治精英不一样，他把日本帝国的战败看成是再塑日本的契机，他认为借助战败切除了军部这个日本帝国身上的毒瘤之后，政治权力就能回归到他这样的精英层手中，而要构筑崭新的国家战略则亲近英美是一个必须坚守的原则，日本复兴的希望是引进美国资本，同美国亲善是日本重建的关键。在与美国人打交道的过程中，吉田茂逐渐形成了一种观念，认为与美国发展全方位的紧密关系最符合日本的国家利益，即便出让部分国家主权也要和美国结成同盟。通过签订《日美安全保障条约》，使驻日美军成为担负日本国防的主力，这样可以省去一笔巨额军费开支，然后在美国的军事保护伞下专心致志地发展经济，这种国家发展战略架构被后世称为“吉田路线”。“吉田路线”企图在经济发展和政治自主之间寻求一种平衡与妥协，而经济振兴其实是真正的重心。可以说，“吉田路线”为战后日本在废墟中实现经济的飙升奠定了

◇ 1951 年，吉田茂首相代表日本政府在旧金山签订《对日和平条约》

基础。

由于联合国占领军的改造，日本完全步入西方式国家的发展道路。1951 年 9 月 8 日，包括日本在内的 48 个国家的代表在美国旧金山的战争纪念歌剧院签订了《对日和平条约》。该条约于 1952 年 4 月 28 日正式生效。这标志着日本重新恢复国家独立主权，正式摆脱被占领状态。至此，和美国结盟成为战后日本坚定不移的国家战略，因为日本被美国彻底打服了。

◇ 662 年，中日第一次交锋——白江口之战

翻开历史不难发现，日本总是擅于在最适当的时机与世界上最强大的国家结盟，从而使自身发展壮大。662 年，日本侵犯唐朝盟国新罗的万余水师，和唐军将领刘仁轨、孙仁师率领的 7000 余人在白江口（今韩国锦江入海口）遭遇，爆发了中日之间第一次战争。此战唐军大胜，日本 400 余艘战船被烧毁，水军几乎被全歼。日本史籍《日本书纪》记录了日军的惨败："（日本诸将）率乱伍中军之卒，进打大唐坚阵之军……须臾之际，官军败绩，溺死者甚众。"第一次中日战争给了日本统治阶层很大震动，也使其深受教育。当时日本的实际当权者中大兄皇子不仅没有因这场战争与大唐疏远，反而选派留学僧赴华如饥似渴地学习唐代的政治、经济、文化、军事等几乎所有制度和做法，并全面"山寨"大唐。最终，一个落后的蕞尔小国发展成为实力不容小觑的国家，实现了国家第一次转型——大化改新。在远比自己强大的唐帝国面前，日本低下了谦恭的头。发生在日本近代的明治维新也是如此。由于没有治国经验，新政权建立后不久即派出级别很高的岩仓使节团对欧美各先进

国家进行全面考察。西方各国先进的工业文明令日本使者们“始惊、次醉、终狂”，在痛感日本已不适应这个世界的同时，庆幸自己终于找到了建设真正富强的国家的正确道路。于是日本迅速全面地调整政策，拜西方国家为师，迅速走上了“富国强兵”的道路。

日本在二战前虽是亚洲第一强国，但和欧美列强相比根本排不上号，连捷克都不如，战后却一举实现经济腾飞，一跃成为世界第二大经济体并占据此位置长达40年，让人不得不承认这个民族有它独特的地方。虽然二战将日本直接打回冷兵器时代，不仅各大城市的地标建筑被炸成瓦砾，连街都炸没了，但是别忘记，这个民族在此之前曾经打败过庞大的沙俄帝国、曾经造出过世界上第一艘航母，而且在战前就有着雄厚的技术积累和基础设施储备，以及高素质的人力资本。1949年，汤川秀树荣获诺贝尔物理学奖，给仍在废墟中挣扎的日本人以莫大的鼓舞。这样的民族注定不会沉沦。

二、疑似军队的诞生

1. 没有朝鲜战争就没有自卫队

美国在日本大力推行非军事化政策，并非贯彻《波茨坦宣言》的原则，而是为了本身的利益，即防止日本再次对自身构成威胁。一旦这种威胁消除，其政策立马就发生了转变。随着二战以后国际形势的变化，美国从全球战略考虑，开始逐步调整对日占领政策。同时欧洲形势的变化使得美苏之间的对立加剧，而亚洲形势也对美国不利，特别是中国国内持续进行大规模内战，国民党政权前景令美国忧虑，美国担心国民党政权一旦崩溃，其远东政策势必会出现重大破绽。为此美国开始考虑改变策略，扶植日本以替代国民政府的位置。

1950年6月25日，朝鲜半岛南北双方在“三八线”附近发生战斗，朝鲜战争爆发。由于朝鲜人民军占据压倒性优势，韩军全线崩溃，朝军迅速南下直逼朝鲜半岛南部。在战争爆发当天，麦克阿瑟就决定美军远东总司令部加入战争以支援韩军。次日，美国空军飞机开始轰炸朝鲜，总统杜鲁门同时命令麦克阿瑟投入海军。这期间，

◇ 美第 8 军投入朝鲜半岛

韩军如雪崩般败退，美军地面部队立即加入战斗，麦克阿瑟预想只要美军投入战场就会立刻奏效，却事与愿违。6 月 30 日，驻日本熊本的步兵 24 师史密斯先遣支队被空运到韩国釜山，7 月 5 日，史密斯支队在乌山与朝鲜的苏制坦克部队一接触即被歼灭。紧接史密斯支队之后，24 师 34 团主力在乌山南方的天安与朝鲜人民军遭遇，同样一触即溃，团长马企姆上校阵亡。紧接着海运到朝鲜的 24 师主力也在天安以南与朝鲜人民军的激战中几乎被全歼，师长特依姆少将被俘。当时美国远东部队的主要力量是担任驻防日本任务的第 8 军，共有 4 个师。第 24 师被击溃后，麦克阿瑟除留下驻守北海道的第 7 师之外，把第 25 师、第 1 骑兵师悉数投入朝鲜战场。然而悲催的是，3 个师的美军主力依然无法阻止朝鲜人民军的攻势，至 8 月初，仅留下以釜山为中心的一个桥头堡，美军随时会被赶下海，可能重演二战敦刻尔克大撤退那一幕。

为弥补战略上的漏洞与远东兵力的不足，美国仓促实施重建日本军备的计划，使日本走上了重建军备的道路。在美军乌山惨败的同一天，麦克阿瑟向吉田茂首相递交了一封关于创设“警察预备队”的信件。对于麦克阿瑟的这一突然举动，当时有人评论说，因朝鲜形势朝着无法预料的方向发展，麦克阿瑟“违反了关于

《波茨坦宣言》的国际共识，践踏《日本国宪法》的崇高精神，走上了重建军备的道路”。驻日美军紧急赴朝作战导致日本本土顿时出现了大片“治安真空”，驻日美军的数量降低到了危险数值，兵力最低时驻日美军仅剩第 7 师这一个师，兵力区区 3000 多人。GHQ 不得不考虑重新武装日本的必要性，如果这时日本国内爆发革命或苏联军队入侵北海道，谁也无法想象会发生什么，这正是麦克阿瑟要求日本迅速组建军事力量的原因之一。还有一个原因也构成美军催促日本成立陆上武装的动机，根据负责重建日本军备的库沃罗斯基上校的回忆，“不仅是朝鲜，日本的事态也无法预料。我们部署在日本的 4 个师将全部奔赴朝鲜，在两三周内除空军和少数陆军后勤部队外，日本已没有驻日美军。我们要让日本编组与训练 4 个师团以替代美国军队。因为你也知道，在日本有 25 万以妇女儿童为主的美国侨民。”从这段话中可以更清楚地看出，美国急于重整日本军事力量的重要目的之一，在于保护美国侨民。

创建“警察预备队”的指令对于正致力于恢复经济无暇他顾的吉田茂来说实

◇ 1950 年，日本自卫队的前身——“警察预备队”成立

在是情非所愿，也让本已放弃武装的日本政府困惑不已。此时，对于急需美国经济援助的吉田内阁而言，在维系以经济复兴为优先的“吉田路线”的同时响应 GHQ 重新武装的要求，成为他们的唯一选项。吉田首相一接到麦克阿瑟信件，立即发出创设一支 7.5 万人的“警察预备队”和给海上保安厅增员 8000 人的命令。根据这一命令，立即从各地招募人员，首批队员约 7000 人于 8 月 23 日入伍。紧急募集队员与朝鲜战况密切相关，因朝鲜形势日益紧迫，驻日美军不断被调往朝鲜战场，连保留到最后的北海道第 7 师这支对苏第一线部队，也被迫于 9 月开赴朝鲜。

在两个多月时间里要组建一支数万人的队伍几乎是不可能完成的事。但在第 7 师于 9 月 10 日离开防区去朝鲜之前，必须将 1 万名警察预备队员部署到北海道。鉴于情况严重，美军军官在北上的专列内给新募的“菜鸟”队员发放卡宾枪，并在车厢内手把手地教他们射击。大多数新队员在两三天前还过着普通百姓的生活，而如今他们却在两天内办完了所有入队手续。

通过这样的紧急招募，至 1950 年 12 月底，日本政府神速完成了招收 7.5 万名队员的计划。由于军人被开除公职，“警察预备队”组建初期的主要干部只能由警官来充当。7 月，由原香川县知事增原惠吉等人组成了筹备委员会，增原被任命为“警察预备队”本部长官，原宫内厅次长林敬三任“总队总监”（相当于上将），原内务省警官加藤阳三等人就任“警察预备队”本部的各部长、处长等职，承担创建工作。由于日本政府对创设部队事先几乎没有具体准备，入伍的队员被安置在空空如也的美军基地内，而且完全由美军提供制服和单兵武器，接受美军的指挥和教育，因而看上去好像是美军招收的一支新兵。1951 年初，“警察预备队”的编制体制开始实施，在总队总监领导之下，在全国设置了 4 个管区队，并陆续任命了管区总监以下的各级干部。根据 1950 年 12 月 29 日《第 52 号总理府令》，“警察预备队”组织编制如下图（P18）。

从其编制可以清楚地看出，这实际上是一支相当于 4 个师团的步兵部队，而名义上却是“警察预备队”，这是一支完全适应美国需要而成立的部队。从一开始，部队的实际指挥权就掌握在美军顾问团手中，麦克阿瑟给吉田的信件发出后，7 月 14 日成立了由 GHQ 民事局长杰帕特少将为团长、库沃罗斯基上校为副团长的顾问团。另外，在日本全国成立的 8 个美军地方民事部也对预备队的编制体制、教育训练等事项提出意见和建议。在美军一手策划下，招募来的日本青年被送进美军兵营，使用美军的武器被服，成为接受美军训练与指挥的部队。增原本部长也无

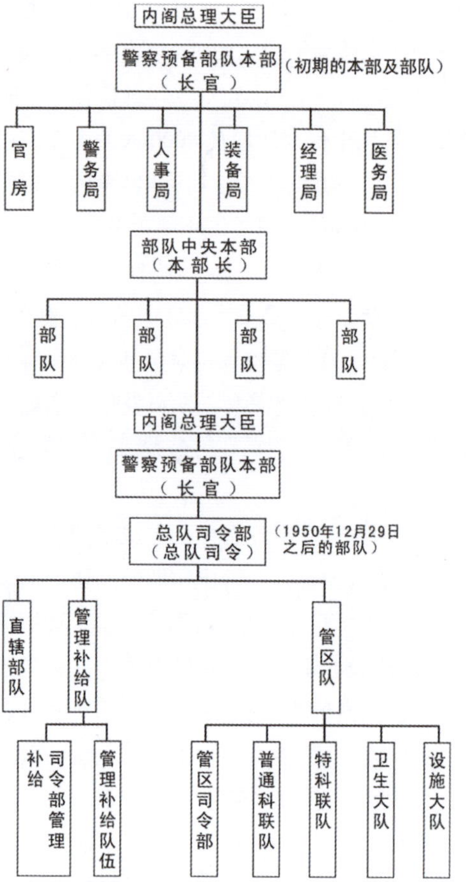

◇ 警察预备队部队组织图

奈地承认，“很遗憾，指挥权不在我们手里”。

从创立这支武装的直接动机看，预备队的创建是为了填补美军赴朝作战后留下的空缺，因而是美军的一支辅助部队。从抵御苏联入侵的意图以及不能排除这支部队向朝鲜出动的可能性来看，当时“警察预备队”“海外派兵”的属性也是存在的。但是受《波茨坦宣言》及“和平宪法”的制约，特别是考虑到联合国和日本国民的感情，当时竭力隐蔽预备队对外行使武力的一面。预备队的另一个特征是以维持国内治安为主要任务，以镇压民众运动为主要目标。部队刚成立，7.5 万多名队员即被安排到全国 28 个美军基地，接受为期 13 周 624 小时的基本训练，其中“对付暴动及战斗队形”这一课目就占 129 小时，位居各课目首位。比如，1952 年 5 月 1 日第 23 届劳动节之际，“警察预备队”就做好了待机出动的准备。次日，为做好天皇和皇后出席全国战死者追悼会的安保工作，驻扎在练马基地的部队开到了代代木附近待命。5 月 3 日，在皇宫前广场举行的独立纪念典礼上，驻练马的一部分部队也列队参加，一部分在附近待机警戒，并准备了催泪瓦斯等器材。6 月 25 日，在朝鲜战争纪念日之际，“警察预备队”对朝鲜侨民的示威队伍进行了镇压。

作为一支军队，要发挥其作用必须有一批富有经验的干部组织指挥，旧军人当然是理想的选择，但由于“和平宪法”的制约和日本国民反战反军的情绪高涨，

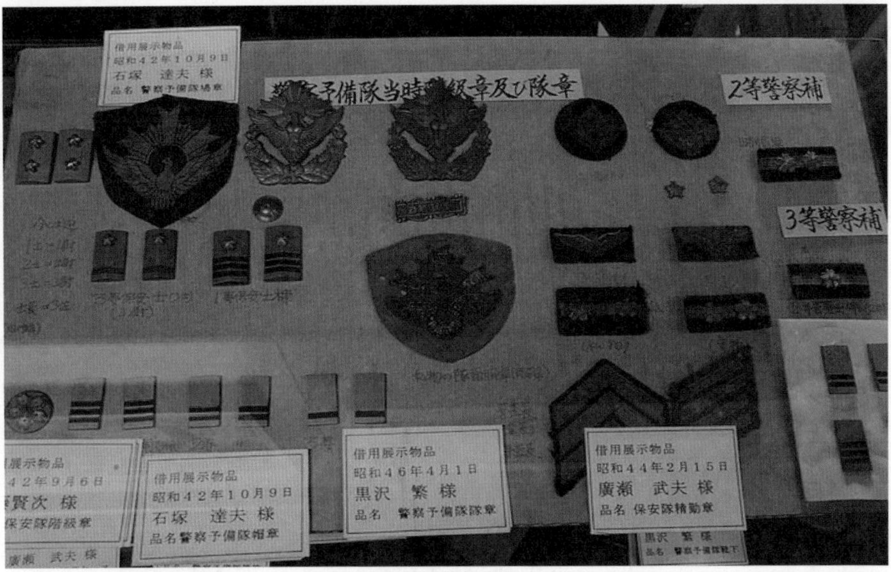

◇　“警察预备队”军衔和徽章

政府没有让旧军人加入队伍，反而建立了一支以原内务省警察官僚为核心的军事力量。这支力量最初完全依赖美军来训练，随着机构与部队正规化建设的深入，实际上最后不得不起用有军队指挥管理能力的旧军人。

1950 年 11 月 30 日，日本首次宣布解除对太平洋战争开始后入学的陆海军学校学员禁止担任公职的规定，这些人包括陆军士官学校第 58 期和海军兵学校第 74 期的学员，共计 2973 人。紧接着向这些人进行了“特别招募”，次年 4 月就录取了 243 人，充任预备队基层干部。1951 年 8 月，日本政府第二次宣布解除 7838 名旧军人的革职规定，并选用了 40 余人充任基层干部。

随着朝鲜战争的升级，美国陷入越来越深的困境，所以更加急于要搞对日媾和并重新武装日本。前文提到，1951 年 9 月《对日和平条约》在旧金山签订，和约的关键词是对日本的军备不做任何限制。在和约第五条第三项中有这样的规定：“日本作为主权国家，根据《联合国宪章》第 51 条，承认其拥有个别或集体的固有自卫权利，以及日本可以自发地缔结集体安全保障条约。”这实际上是间接承认了日本可以无限制地发展军备力量，因而完全违背了《波茨坦宣言》中关于日本应完全解除武装的规定。为使美军长久而合法地驻扎日本，和约墨迹未干，美国便在4个小时之后与日本签订了《日美安全保障条约》，条约的目的是把日本定位为美国的盟国，使日美在军事上进行合作，而日本则承认美军可无期限地留驻日本。

《对日和平条约》和《日美安全保障条约》的缔结意味着日本重建军备进入了一个新阶段，在陆上力量筹建的同时，海上力量的重建也在紧锣密鼓的酝酿中。对于正式重建军备，首先碰到的问题是将陆海军分立还是统一。属于总理府管辖的“警察预备队”主张统一，而属于运输省之下的海上保安厅的一部分的海上警备队则害怕受到陆军的压制，主张陆海军分立。双方经过多次协商和妥协，最后决定总体上实行统一，但陆、海两个军事机构各自分立。1952年8月1日，统一指挥陆海两军、具有国防部职能的保安厅成立，保安厅长官由吉田茂首相兼任，次长由增原惠吉担任。“警察预备队”同时改称“保安队”，与海上警备队一起

◇ “警察预备队”队员进行火箭筒射击训练

由保安厅统一指挥。与此同时，保安厅内部又设置了第一幕僚监部和第二幕僚监部，分别对陆海两大军事武装进行实际指挥，“警察预备队”总监林敬三任第一幕僚长。8月4日，吉田茂首相以保安厅长官的身份在越中岛总部大楼落成典礼上向干部训话时指出，“保安队和警备队须成为未来新国军的基础”，这是吉田的真心话，

◇ 如今，与美军实施联合训练已成为陆自的重要任务之一

日本确实在重新武装的道路上走出了第一步。

此时保安厅的编制员额 11 万人，被编成 1 个方面队和 4 个管区队。每个管区队由 3 个普通科联队（即步兵团）、1 个特科联队（即炮兵团）、1 个设施大队（即工兵营）、1 个卫生大队及其他直辖部队构成，实际上相当于战前的 1 个师团。第 1 至第 4 管区队分别设于东京、北海道的札幌、兵库县的伊丹和九州的福冈。相当于军级单位的第 2 方面队也设于札幌，指挥第 2 管区队及其直辖部队。

保安队除拥有在“警察预备队”时代从美军手中接过的卡宾枪、机枪、火箭发射筒、迫击炮等轻武器之外，1952 年又向美军“租借”了 105 毫米和 155 毫米榴弹炮 40 门、20 吨坦克 40 辆。1952 年 10 月，保安厅创建了航空学校，向美军租了 20 架 L16 教练机，向陆上航空力量的建设迈出了第一步。在保安队成立之前，以原大本营参谋为主的 10 余名原大佐级军官被特招入伍，保安队一成立，这批人即进入高级干部班子，之后在保安队向自卫队发展的过程中，部分旧军人开始占据中枢位置。

2. 海上自卫队：从“有海无军”起步

日本这个由本州、北海道、九州、四国四大岛和 3000 多个小岛组成的太平洋岛国（本州面积最大，约22.7万平方公里，占全国总面积的60%），其海岸线总长3万公里，这一固有地理特点使日本一贯重视发展海军或海上力量。日本二战期间发展了强大的海军，战败被迫解散后，日本人自嘲“有海无军”。1954年7月，保安厅改为防卫厅，原警备队改为海自，日本正式恢复海上自卫队力量建设，不过当年的海自主要作为美国远东海军的补充力量而存在。

与陆上部队的被动组建截然相反，战后日本的海上部队的重建始终是以旧海军人员为主体循序渐进地谋划和推动的，最后演变为海自。实际上，从美军占领初期开始，旧海军人员就开始秘密联络，坚定而又积极地研究海军重建的可能性。通过矢志不渝的坚持，他们把幻想最终变成了现实。从“Y委员会”的设置到美援舰艇的获得，从海上警备队的“借壳上市”到海自的独立成军，这一切的背后到处活跃着旧海军军人忙碌的身影。

在美军的占领政策下仍被保留下来的几个军事力量中，有一支是帝国海军的扫雷部队。从现实情况看，海军的人员与装备也还有存在的价值。战争期间，日美双方各自在日本周边海域布放了水雷，战后常发生触雷事故，因而早日清除水雷成为当务之急。而扫雷工作有赖于拥有专业知识的原海军人才，因此人数在1

◇ 现今日本最大的军舰“出云号”

万人左右的原帝国海军扫雷部队没有被解散。另外，战败后散布在中国大陆、南洋和太平洋诸岛的300万投降日军亟须遣返回国，这个任务势必要由战败国来承担，这件事情自然就摊到了旧海军头上，前海军人员和遗留的部分舰船正好有了用武之地。1945年12月，原陆海军省被改编为第一和第二复员省（这两个机构后来被整合缩编为“复员厅”，最后成为“复员局”，转隶“厚生劳动省”）。数百名前海军精英有了栖身的场所，部分人员装备和传统这些火种得以保留，为海上自卫队的最终诞生奠定了基础。

1948年5月1日，经驻日美军同意，日本政府设立了海上保安厅，其主要任务是取缔走私与非法入境，预防与镇压海上骚乱与暴动，扫雷作业也是其任务之一，主要成员为原海军官兵。其性质与美国的海岸警备队相似，实际上是一支小型海军。当时联合国远东委员会和对日理事会曾对其予以禁止，但因美国的拒绝而没有实现。海上保安厅的主要装备是由帝国海军驱逐特务艇改装的海岸巡逻艇，这是战后在日本得到法律承认的第一项军备。

在创设“警察预备队”的同时，海上保安厅的实力也在不断加强。前面提到，1950年7月8日，海上保安厅员额根据麦克阿瑟的指令增加了8000人。其下属的武装力量海上警备队主要承担沿岸警备、海岸救助和海上交通安全等工作，当然，继续承担扫雷业务也是其分内之事，这些业务尚未超出海岸警备队的职能范围。使用的船只仍以小型特务艇为主，因而还不能被称为“海军”。日本投降时，残存的帝国海军军舰全部被联合国收缴，或成为美国核试验的材料，或成为中国国民政府的军舰，当时在日本没有一艘可用的军舰。要恢复海军首先必须要有军舰，因此只有向美国租借舰艇。从人员方面看，海军比陆军更需要传承战前的配备。就在“警察预备队”筹建的同时，当时的内阁官房长官冈崎胜男根据吉田首相的指示，请重建海军的中心人物——原海军省军务局局长保科善四郎中将、原海军少将山本善雄以及海上保安厅长官柳泽米吉推荐合适人选，组建了“强化海军委员会”。该委员会由第二复员局的旧海军军人等10人组成，于1950年10月31日成立，定名为“Y委员会”。该委员会虽为政府机关，但活动绝对保密，任务是悄悄地制订重建海军的方案。这与“警察预备队”的筹建形成了鲜明对照，日本陆上力量的重建是在朝鲜战争爆发后的紧迫形势下匆忙进行的，而海上力量之重建因为有着充裕的时间，所以由“Y委员会”事先研究方案。

1952年4月26日，《海上保安厅法》被部分修订，海上警备队作为未来海

◇ 现今的海上保安厅巡视船

上力量的雏形，在海上保安厅内“借壳上市”，名义上由海上保安厅管辖，却独立设置了总监部。海上警备队总监部下辖地方监部及相关部队，其主要成员为海上保安厅的职员以及新招募的士兵，既无舰艇又无船队，是没有军舰的袖珍海军。

海上警备队的创设与“警察预备队”有很大的不同，“警察预备队”一开始时排除了旧陆军军官，是在内务警察官僚的领导下发展起来的，而海上警备队的创设从一开始即是由旧海军军人起核心作用。比如第二复员局总务处长长泽浩（原海军大佐）出任海上警备队总监部警备处长，第二复员局资料处长吉田英三出任横须贺地方监部长官等，旧海军军人一开始就担任了要职。海上警备队的主要成员在警备队成立之前的 1952 年就在美海军横须贺基地接受训练。同年 5 月，海上警备队从美军那里借来巡逻驱逐舰 1 艘、登陆艇 2 艘进行训练。但是在正式签订《日美船舶租借协定》之前，警备队一直没有自己的舰艇，仅有机构和人员。

在当年 8 月 1 日保安厅成立的同一天，海上警备队索性从海上保安厅剥离出来独立“上市”，并改名为“警备队”。

原海上警备队总监山崎小五郎任第二幕僚长。警备队的职责也从原先的“在海上保护生命财产与维持治安”改为“维持我国的和平与秩序，保护生命及财产”，真正承担起海军的责任。警备队由两个地方队及船队群编成，但起初仅以海上保安厅移交的扫雷艇为主，与真正海上部队的体制极不相称。11 月 12 日，《日美船舶租借协定》正式签字。协定规定美方向日本出借巡逻护卫艇 118 艘、大型登陆艇 50 艘，租借期为 5 年。根据协定租借的舰只从 1953 年 1 月起陆续运到日本。警备队同时将租借的舰只编成船队，开始成为名符其实的拥有军备的海上武装力量。可是向美国租借的舰只只有 5 年的使用期限，所以日本又制订出了自己建造舰艇的计划。1953 年度日本政府拨款 116 亿日元，着手建造甲型、乙型警备船和补给工作船等舰船。“Y 委员会”成立以来，这支逐步发展起来的小海军的主导权一直由旧海军军人掌握，尽管兵力少，但从人员方面看完全是旧海军的复活。

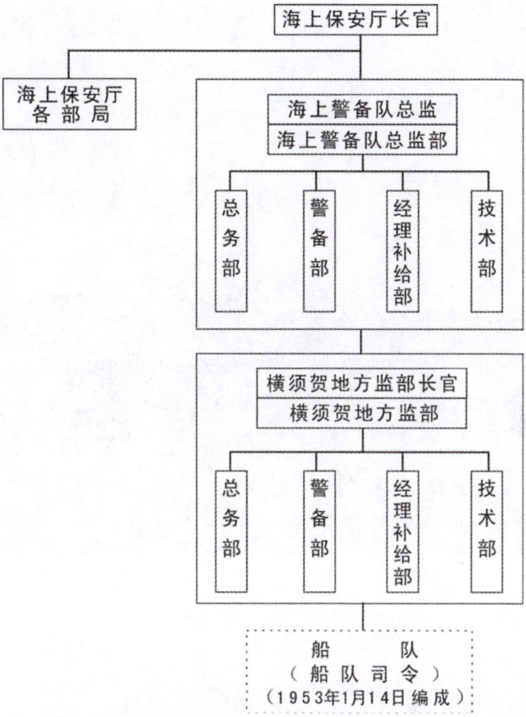

◇ 成立初期的海上警备队组织架构图

海自在从警备队改编之际，员额由 1 万增加到 15800 人，同时将原来的“船队”改为护卫队与警戒队，这两队又合编成“自卫舰队”（即联合舰队）。另外，警备队在广岛北面的吴市新设了 1 个地方队，如此一来，在横须贺、佐世保等所有的战前军港都设置了地方队。海自成立之初的水面舰只基本上以向美军借来的小型舰艇为主。为增强海上防卫力，日本的船厂从 1952 年起开始建造国产军舰，第一批建造的军舰是于 1953 年设计、1956 年竣工的 1700 吨级的“春风号”等 5 艘警备舰，之后又建造了一批警备舰与潜艇，逐步替代了美国舰只。自造军舰，使日本的造船业得到恢复与发展。

◇ 驻横须贺的联合舰队司令部

3. 独立“空军”梦想成真

航空自卫队在成立之初因为没有基础，与陆海军相比力量最弱。早在朝鲜战争爆发之际，一些与航空力量有关的旧军人鉴于二战时失去制空权的惨痛教训，主张建立独立的强有力的空军，并着手拟订建立空军的方案。1952 年 7 月，美国远东空军司令部也提出了《创设日本空军的意见书》，这是一个依靠美军援助创设独立空军的方案。但相当多数的前海军军官却不主张建立独立空军，而希望建立以航空母舰为核心的海军航空队。他们还与前陆军军官团体相呼应，一起研究建立陆海军航空战斗力的问题。在当时有关空军的各种建军研究计划中，大体上分建立独立空军以及将航空力量分归陆海军管辖两种意见。鉴于日本在二战中因空军处于劣势而遭受重大损失的教训，以及美国也实行陆海空三军分立的事实，最后日本政府就建立独立空军取得了一致意见，同时也考虑让陆海军拥有必要的航空兵力。

为了尽早建立日本的航空力量，1952 年 5 月，当时的“警察预备队”一面向美军提出租借飞机的申请，一面召集旧陆海军中的航空人员，组建航空学校筹备室。

“警察预备队”在改编成保安队后，又设立了保安队航空学校。航校只有从美军那儿借来的L16教练机，由美国军人任教官，教学完全按美国方式进行，全部使用英语。航校的学员和职员大部分是原陆军航空学校和海军兵学校出身，学员从1953年1月开始进行飞行训练，到了次年1月，首批毕业生被编为4个航空队。

警备队方面也对建设航空力量拥有很高的热情。日本大藏省（相当于财政部）在1953年度预算中计划为警备队购买直升机。同年9月，警备队以4架47D直升机为基础组建了支援海上作战的航空训练队，之后又增加了T34教练机，开始飞行训练。

在美国远东空军支援下，日本政府与保安厅的独立空军建军计划开始付诸实施。1953年10月，保安厅设置航空特别室，次年1月又改组成由46名官员组成的航空准备室。根据《防卫厅设置法》和《自卫队法》（即“防卫二法”），创设航空自卫队（以下简称“空自”）之事尘埃落定。但麻烦出现了，航空部队干部固然可以从旧陆海军中平等挑选，但航空幕僚长的人选却无法确定。关于飞机，旧军队被消灭时，所有军用飞机已全部被拆毁焚烧，已出现了8年的空白期。为招募航空骨干人才，保安队和警备队分头到民间召集有飞行经验的人，于1954年1月编成了松岛派遣队，在美国军事顾问团空军部的协助下，以T6教练机进行训练。

◇ E-767 预警机

◇ 空自草创时期的装备

空自成立之际，飞行员接受美国顾问的训练尚未结束，根本没有战斗力。起初，空自的机构中属于部队编制的只有航空教育队 1 个实体机构，作为机关的只有 4 所学校与补给处，人员编制为 6700 名。随着训练的进行，1955 年达到 11500 人，1956 年增加到 16300 人。部队也扩编为 2 个航空团和 4 个航空训练警戒管制群，然而大部分基地与美军合用。起初的飞机只有 T34、T6G、T33A 教练机和 C46 运输机，至 1956 年才有可以用于实战的 F86F 战斗机，这款机型是在日本组装的，组装飞机成为日本航空工业发展的原动力。

4. 艰难成军

1954 年 6 月 9 日，日本政府公布了《防卫厅设置法》和《自卫队法》（7 月 1 日实施）。《防卫厅设置法》第 4 条规定：“防卫厅的目标是维护我国的和平与独立，保障国家安全”。《自卫队法》第 3 条规定：“自卫队的主要任务是保卫国家的和平与独立，为保障国家安全，对于直接或间接侵略承担国家防卫的责任。”由此可以看出，保安厅向防卫厅的转换不仅是名称的变更，更是创建了以同外敌作战为主要任务的军事组织，或者说是创建了一支正规的日本军事力量。首任防卫厅长官和次长由木村笃太郎与次长增原惠吉担任。

在防卫厅成立的同时，新设立了“统合幕僚会议”，这是仿效美国的参谋长联席会议而设立的，目的是防止陆海两军像战前那样出现对立，这是一个负责协调陆海空三个军种的机构。统合幕僚会议由陆海空三个幕僚长及专任议长组成，其职权为辅助防卫厅长官展开工作。实际上作为现役军人的首脑，议长一职当然拥有参谋本部的功能。根据《防卫厅设置法》，还设置了与统合幕僚会议相仿的“国防会议”。作为防卫厅的附属机关，还设置了“建设本部”与“调配本部”，其职能主要是统一处理三军的工程建设与各种物品的统一调配，实际上是自卫队的后勤部。另外，原保安部直属的保安研修所改为防卫研究所、保安大学改为防卫大学。

在自卫队成立的1954年7月，美国远东军总司令部宣布在北海道驻守的1.8万名美军撤出防区，基地交由陆上自卫队（以下简称“陆自”）北部方面队接管，原在北海道的美国陆军第1骑兵师作为驻日美军的总预备队。这是日本增强防卫力量，与美国战略实现一体化的具体行动之一。在保安队改编为自卫队之际，增

◇ 自卫队最高学府联合参谋学校学员参加毕业典礼

设了2个相当于师团的管区队。至此，陆上总兵力拥有1个相当于军的北部方面队以及6个相当于师团的管区队，穿制服的现役军人达到13万人，各步兵联队的武器装备与保安队时代大致相同。之后，防卫厅与国内产业界合作，开发适合日本人体型及适合日本地理环境的新武器，以实现武器国产化。另外，陆自还设置了地方联络部。这是因为战后日本不实行征兵制导致招兵成为一个大问题，因而设置了这一专职征兵机构。该机构从1954年起开始设置，至1956年在全国各府县设置完毕，同年又将其改为陆海空三军共有的征兵机构。

5. 性格决定命运

从日本建设明治国家直到战败的70多年时间里，“长州的陆军”、“萨摩的海军”一语道出了陆海军自建军伊始就具有的截然不同的特质，它直接对陆海军的命运做出了宣判。直到今天，这种特质在陆、海、空自卫队中也没有完全消失。对此著名作家司马辽太郎的话值得回味：“明治开国以来，山县有朋等长州军阀之所以将幕末以来的法国式陆军改造成德国式陆军，在于1870年俾斯麦率领的普鲁士军队赢得了普法战争的胜利，更为重要的是，长州人特有的认死理的性格和德意志人偏爱体系化理论的气质不谋而合；另一方面，西乡从道等萨摩军阀之所以以英国海军为师创建日本海军，是因为南国鹿儿岛人豁达爽朗、自由奔放的气质和诞生自由主义经验哲学的英国人的精神土壤能够完美地结合。”

随着明治、大正、昭和的年号更迭，帝国陆海军本身也在不断变化，但是“长州的陆军”的精神主义和“萨摩的海军”的经验主义这一气质内核却始终作为陆海军的底色一以贯之，甚至二战的败亡也没有阻止这种DNA遗传因子在战后的陆海空自卫队进行绵长的发酵。无论是战后根据麦克阿瑟指令重整军备的过程，抑或自卫队诞生后的发展历程，都体现出了战前战后的“连续性”或“非连续性”，而在这不经意间，60年的时光已经逝去。如果单以军种而论，陆自和战前的陆军之间的“连续性”非常弱，与此形成鲜明对照的是，海上自卫队（以下简称“海自”）和帝国海军的“连续性”味道非常浓郁，比如海自的队歌就原封不动地继承了旧日本海军的《军舰进行曲》（由一位名叫濑户口藤吉的士官作于1897年），而空自由于在战后才诞生，所以它的“非连续性”风格较为强烈。三者之间产生如此反差的原因，能够直接追溯到明治建军之初。

由于旧陆军推行军国主义给日本国民带来了无法弥补的伤害，战后日本国民在反思战争之后，痛感“精神主义”的愚蠢无能，将一切怨恨和矛头直指陆军。所以，不管陆自本身是否愿意，它都必须接受帝国陆军的所有负面“遗产”。以朝鲜战争爆发为契机，日本陆上力量的组建是在占领军指令之下推进和完成的，由于背负着沉重的历史负担，部队一直都行事低调，小心翼翼。不能说“警察预备队”以及后来的陆自与旧陆军没有任何血缘关系，但这种关系已经很远、很淡，至少可以说，这个组织没有继承战前陆军最毒的那部分血液，直到今天，陆自的发展都始终比海自和空自要弱势得多。

◇ 明治天皇

近几年来，以“Y委员会”为中心的旧海军军人的档案被不断解密，其中显示从美军占领初期开始，旧海军军人就在私下慎重而又积极地探讨重新武装海军的可能性，海自正是在他们不断努力构想和实践过程中诞生的，创建过程也得到了美远东海军的大力支持。由于亲美派大行其道，美国对海自的发展相对放心，其自主性、独立性远远超过了陆自，以至于当今的海自直接传承了不少帝国海军的衣钵。

空自的创设一方面与旧陆军航空人员探索陆军航空部队重建的努力相关，另一方面，部分旧海军人员也期望在海空一体化理念基础上摸索重新武装的可能性，这两股势力不断影响着美军中枢部门。与此同时，一贯主张以“陆”为中心来重新武装日本的美军开始转换政策思路，转而支持日本建立独立空军的构想，陆海空相对平衡的重整军备计划浮出水面，最终“独立空军”从陆海军中分离出来。

三、六十年的苦恼

1. 把“制服组”关在笼子里

虽然自卫队是以“正当防卫”的名义成立的，可是从成立的那一天开始日本国民的质疑就从来没有消除过，它还会不会成为当年“皇军”的翻版？它将何去何从？为了打消民众的疑虑，日本政府给自卫队装的第一根“铁栏杆”就是坚定不移地实行“文官治军”体制。

这还得从战前的“皇军”发迹史讲起。军部膨胀的根子还是出在“明治宪法”上。不能否认这部宪法奠定了日本作为现代国家的框架，但其中一些条款恰恰为以后军部的霸权政治埋下了祸根。最要命的是“明治宪法”第 11 条：“大日本帝国军事力量分为陆军和海军，分别由帝国陆军参谋本部和海军军令部指挥，受陆军省和海军省管理，天皇是陆海军最高统帅，陆海军不对议会负责。”陆海军不受政府和议会约束，这种架构预示日本文官政府的权威被削弱甚至架空是迟早的事，因为除了天皇无人可以掌控军部，而天皇恰恰是个不管事的，最终政府和民众只能眼睁睁地看着军部势力日渐坐大。到了 20 世纪 30 年代，以首相犬养毅被刺杀为标志，日本孱弱的宪政体系彻底崩溃，军人开始把持国家政治机器，直到把政府与国民彻底绑上它的战争机器，走上了不归路。

除了“明治宪法”的硬性规定，《军部大臣现役武官制》使得文官政府的权威更加大打折扣。1904 年颁布的这个法规规定只有现役军人方可担任陆海军大臣和次长，军人若担任大臣须军部首肯。即便政党在大选中取胜，只要军部不提交人选就无法组建内阁，桂太郎内阁就是因为陆军没有提交陆军大臣人选而倒台的，而且一点脾气都没有。不仅如此，关于军队的一切法令都无须总理大臣签署，只要陆海军大臣同意即可施行。军部的势力如此之大，归根到底还是因为那个《大日本帝国宪法》第 11 条。总之一句话，只要天皇不管，谁还能管得了军部的事情呢？

所以，日本民众对草创的自卫队表示怀疑不足为奇。自卫队成立距离战败不过 10 年，很多人创伤未愈，对战争的惨祸仍记忆犹新，谁能保证军国主义不会沉渣泛起呢？为了避免重蹈覆辙，日本政府旗帜鲜明地确立了“文官治军”的理念与政策，把自卫队置于严格的监控之下。所谓文官治军是西方国家一项通行的处理政军关系的制度，简单地说是由民选的政治家来掌控军队的制度，突出了政治优先于军事的原则。战后60余年间，防卫厅长官或防卫大臣无一例外都是文职人员，军人就任防卫厅长官（防卫大臣）是绝对禁止的。上世纪50年代的鸠山一郎和岸信介两位首相都曾想起用战前海军大将野村吉三郎为防卫厅长官，但终究因其海军军人出身而作罢。

除了防卫厅的头儿是文职政治家以外，具体掌控自卫队、制定政策的也是文职人员，或者叫文官。日本的每个省厅都会下设很多局级单位，这些局在日本的《国家行政组织法》中被称为“内部部局”，简称“内局”，是大臣的业务机构，对大臣负责。

◇ 2014年12月25日，前防卫大臣江渡聪德离任

◇ 防卫省主要官员为江渡聪德大臣送行

◇ 中谷元防卫大臣上任后检阅自卫队

◇ 现任防卫大臣政务官石川博崇在陆自队员赴外维和送别仪式上训话

除了内局，同时还有一些归省管理、被称为“外局”的直属机构，比如日本的财务省下面还有一个叫“国税厅”的机关，这就是外局。大臣可以对外局进行业务指导，但不能直接干涉外局的人事和日常运作。日本国土交通省除了有内局，还有“海上保安厅”，这也是外局。防卫厅的内局是由大臣官房、防卫政策局、通用规划局等十几个局级单位组成的庞大官僚机构体系。内局的成员是通过国家公务员考试的官僚，他们和自卫队员不一样，没有制服，所以称为“西服组”，主业是管理自卫队，直接控制自卫队的人事、编制、财务，有时甚至会监督其指挥权。

日本的文官治军体制在总体原则和理念上与西方国家并无本质区别，但是实际上，“防卫参事官制度”这一精心而又特殊的机制安排使得内局官僚在各个层面牢牢掌控着“制服组”。根据1954年的《防卫厅设置法》，参事官是指“围绕相关事务制定基本方针时辅佐长官的官员”，也就是说，只有参事官才拥有重要事务决策权，以及向防卫厅长官直接建言献策的权限，最紧要的是，该法还规定参事官必须是文职人员。这个制度施行后，防卫省内局的局长老爷们同时拥有参事官的身份，这样就变相提高了局长们的地位，使他们的权限和地位事实上凌驾于幕僚长之上。这样一来，内局的局长们便成为横亘在防卫厅长官和“制服组”

◇ 防卫省举行新人入省仪式

之间的楔子。通过“防卫参事官制度”将“制服组”和“西服组”的关系明确写入法律，即使在世界范围内来看也是罕见的。

从自卫队诞生之日起，防卫省内部就构筑起了文官主导、军人（干部）从属的组织文化。所有的作战训练计划都必须由内局批准，所有的人事决定完全由内局下达。虽然联合参谋部掌管着自卫队部署及行动计划，但自卫队并不拥有全部作战指挥权，而必须在文官领导下执行任务。对于自卫队军事行动的指挥管理，目前事实上存在两个系统，一个是联合参谋部，一个是内部部局下属的作战计划局，作战计划局不但负责人事、行政等事务，也制订各级自卫队的调动和演习计划，还拥有部分直接调动部队的权限。直到 2013 年防卫省机构改革之后，这种局面才有所改观。

2. 首相的“遗训”：自卫队的精神原点

1957 年，已经卸任首相的“战后中兴之父”吉田茂面对防卫大学第 1 期毕业生时发表了这样一番意味深长的训话：“各位在自卫队服役很难获得国民的支持和感谢，或许在整个自卫队职业生涯都不会受到欢迎，还会遭到非难、诋毁而终

◇ 防卫大学校长国分良成在开学典礼上致辞

老一生，你们辛苦了！当然，你们也有能够受到国民支持和欢迎的时候，那就是在我国遭遇外敌入侵的国家危亡之时，或者在国家发生灾害，国民和国家陷入困境的时刻。换句话说，你们没有在上述两方面做出贡献时，国民是最幸福的。希望诸君忍耐。”

这个透着些许悲凉的训示意味着自卫队员的职业生涯终将是黯淡无光的，吉田茂是在 1954 年发表此番言论的，此话一语中的。不仅是那一年，在整个冷战时期，日本人没有遭受过任何外来侵略，连日本经济都处于高歌猛进状态，自卫队几乎没有发挥职能、受到国民拥戴的机会。1954 年那一年，日本经济领域的所有指标正全面超越战前，处于经济飙升的原点。1956 年 1 月 1 日，日本政府出版的《经济白皮书》宣称：“现在已经不是‘战后’，我们正面临着和过去不同的新情况，经济恢复期已经结束，今后是以现代化为中心的经济增长期……”

吉田的遗训有颇多值得玩味之处。虽然自卫队干部将“被人遗忘，黯淡地终老一生”，但与此同时全体日本国民却能“沉浸于幸福之中”，正因如此，所以“请各位忍耐”。在空前惨烈的东日本大地震发生后，自卫队员秉承吉田遗训，不顾自身伤亡奋力抗震救灾，发扬了职业军人的献身精神。军人献出生命当然是不幸的，所以相比较而言，“被人遗忘，黯淡地终老一生”仍然是个不错的结局。吉田遗训至今仍被奉为支撑自卫队发展建设的主流理念，为广大官兵所接受。

但是与此同时，吉田遗训也给自卫队员带来了莫大困扰，创建超过60年的庞大组织至今仍不是正常军队，为组织服务的人员仍是边缘化的存在。2012年1月，日本内阁政府对1000余名普通民众进行舆论调查，结果显示91.7%的受访民众对自卫队持正面看法，特别是对刚刚在大地震中奋不顾身抗震救灾的自卫队员的表现予以高度评价，但是，民众对自卫队这一群体本身的评价至今仍是“边缘人”。

日本战败投降后的1946年，联合国占领军以刺刀为后盾为日本政府制定了歌颂放弃战争和军备的“和平宪法”，这部宪法得到全社会各阶层的普遍欢迎，以经济恢复和腾飞为第一要务、废除军队和军备建设已成为日本社会的共识。当年6月，日本共产党总书记野坂参三在国会以非常“马列主义”的方式质询吉田茂：“战争有正义和非正义之分，用于自卫的战争是正义的战争，政府怎能毫无责任地放弃实施自卫战争的权利？”对此吉田回答道：“国家进行正当防卫的战争貌似正义，但我认为实际上是有害的，刚刚结束的战争已经证明，战争发起国无不是以‘正当防卫’和‘为了民族生存’为借口发动战争的，所以如果承认我国拥有正当防卫权，仍有可能诱发战争。”1949年11月，吉田在国会进行施政演说时说了这样一番话：“只有不保有军队，不发展军备，才是我国国民安全和幸福的保证，也只有如此，

◇ 东日本大地震后第一时间赶赴救灾现场的队员

◇ 2015 年 9 月，陆自赴日本东北部洪灾现场救灾

◇ 在东日本大地震现场救灾的陆自队员

我国才能得到国际社会的信赖并作为和平国家重新屹立于世界民族之林。”

战败前，吉田始终以“反战硬汉”的形象名扬日本，就在日本帝国行将就木的1945年，吉田曾被军部宪兵逮捕入狱。由于这样的经历，吉田执政期间决心创设完全不同于旧日军的新型军事力量，并为此投入大量精力，从学校选址、校长和干事（相当于副校长）的选定都事必躬亲，并7次亲临防大与学员共进午餐。由于反战气氛浓烈，日本民众“恨屋及乌”，对于与“军部”和军事相关的人和物都极度反感。当时流传着“好女不嫁防大学员”的说法，此话传到吉田耳朵里，吉田淡定地告诉防大学员：“别担心，我来给你们介绍对象，要多少有多少！”于是防大学员亲切地将吉田首相称为“吉田爷爷”。

四、静悄悄的“军队”

1. 自卫队的抗命

1960年1月19日，新《日美安保条约》签订，其中规定驻日美军可与自卫队共同作战保卫日本安全。当时大部分国民对二战的悲惨体验仍记忆犹新，最害怕的就是再一次卷入战争，因此岸信介的行为遭到在野党、自民党内的革新势力和日本绝大部分市民团体的强烈反对。岸信介在日本战败后被任定为甲级战犯嫌疑，国民出于对战争的深恶痛绝，对岸信介“恨屋及乌”且深怀警惕，加上岸身上有旧时代精英官僚特有的傲慢，更让呼吸着战后自由主义空气成长起来的青年一代感到不爽。人们愤怒了，最终，这种愤怒酿成了战后前所未有的大规模群众运动——安保斗争。

在日本政府应对安保斗争的过程中，发生了一件事情，这件事差点改写了自卫队的历史。为了弹压包围国会的数百万“愤青”，岸信介两次命令陆自出动“维稳”，但被防卫厅长官赤城宗德坚决抵制了。

1960年6月15日晚，东京大学学生桦美智子在与警察的冲突中跌倒后被踩踏致死。这一事件发生后，群情激愤的7000名大学生冲入国会与3000名防暴警察展开了史无前例的肉搏战，眼看警察渐渐顶不住了，岸信介匆忙打电话给赤城宗

◇ 1960 年，日美修订《日美安全保障条约》，签字者为岸信介

德，要求刚刚创设的陆自东部方面队 1 万余人紧急出动镇压。维护社会治安是警察的职责，不过根据当时《自卫队法》第 78 条（根据首相指令）和第 81 条（根据都道府县知事的请求）的规定，“当遭受敌对国家煽动而导致国内发生暴乱时，可以视为遭受间接侵略，自卫队可以出动维护社会治安”。在岸信介看来，安保运动之所以风起云涌是由于得到了苏联支持，苏联无疑是幕后推手，内阁官房长官椎名悦三郎等人都认定这已经属于“遭受间接侵略”的范畴。岸信介就是据此向赤城发号施令的。首相是自卫队的最高指挥官，从权限上讲，防卫厅长官赤城宗德是不得不服从岸信介的，但是赤城抗命了。

赤城长官在电话里这样回绝岸信介：“一旦出动自卫队，那么自卫队存在的意义必将受到质疑，真是这样的话，日本将回到 1905 年！”在赤城和陆上幕僚长杉田一次的反对下，陆自最终没有出动。心有不甘的岸信介又在条约生效前几个小时的 18 日夜再次打电话给赤城要求自卫队紧急出动，但被赤城再次抵制。虽然赤城是岸信介的心腹，但是对自卫队前途的担忧战胜了个人的荣辱，他保持了清醒的头脑，不惜以抗命作为回应。

赤城在回忆录中写道：“如果我轻易遵从首相的命令，那么自卫队的存在价值必将受到质疑。”作为战后日本“正常军队论”的“先驱”，赤城骨子里显然不希

◇ 1960 年的安保斗争

望安保条约成为自卫队转变为军队的绊脚石，这是他抗命的原因之一。赤城同时也充分考虑到了“制服组”的想法。“制服组”的内心实际上是反对安保条约而支持安保运动的。为什么呢？因为任何国家的军队作为一个相对独立的实体机构（军队一般可视为一国最大的官僚组织），都有不断膨胀自身权限的欲望。新安保条约的生效只会使自卫队的行动和自主权受到更大束缚，意味着自身的权限任务被进一步架空，除了扮演美军的跟班别无选择。这样一来“制服组”自然也就人微言轻。所以，“制服组”乐见安保运动冲垮岸信介内阁，通过废除安保条约早日摆脱日美安保体制，这样将来才能在国防事务上最终实现由自卫队来“自主防卫”。

自卫队抗命固然有自己不可告人的动机，但是从抗命后的客观效果来看，这个事件对自卫队今后的发展产生了非常深刻而久远的影响。首先，可以说是赤城挽救了自卫队。在安保斗争中全程执行“维稳”任务的警察自然成了众矢之的，而自卫队却逃过一劫，没有成为国民的公敌，这是自卫队诞生后所接受的第一次重大考验。如果陆自出动镇压国民，自卫队现在是否还能存在可能还是一个问号。其次，在这次考验中自卫队以抗命的形式向社会展示了正确的政治导向，说明自卫队没有走回头路，不是战前的日军，也不是用来镇压国民的工具，做出了和旧日军切割的姿态，在一定程度上打消了国民对自卫队的疑虑，改善了形象。与此

◇ 日本全国学生联合会为桦美智子举行追悼会

同时，日本政府通过这个事件也吸取了教训，自卫队不是用来镇压人民的，在处理“人民内部矛盾”时，绝不能轻易动用。从此，历届内阁在处理内政问题时再也没有触碰过派自卫队进行“治安出动”这条高压线。

2. 参谋长的抉择

1995 年 3 月 20 日上午 7 时 50 分，东京地铁内发生了一起震惊全世界的投毒事件。事件造成 13 人死亡，约 5500 人中毒，1036 人住院治疗。这是战后发达国家首都首次遭受大规模化学武器攻击，警方迅速将奥姆真理教锁定为头号嫌疑对象。这一爆炸性新闻瞬间传遍全球。更令人意想不到的是，奥姆真理教成员同时还在东京都内的多处活动场所附近投放致癌细菌。日本的广岛和长崎曾经受到过原子弹（atomic bomb）轰炸的滋味，而此次东京又同时遭到化学武器（chemical weapon）和生物武器（biological weapon）攻击，日本因此成为世界上唯一被这三类大规模杀伤性武器攻击过的国家。

事件发生后，日本警察厅决定对奥姆真理教所有据点实施紧急强制搜查。不过与此同时也顾虑重重，因为情报显示对手具备毒气生产能力，甚至还制造步枪，可能导致警力无法应付的局面。虽然打击犯罪是警察的天职，但其对如何妥善避免和处理毒气威胁却一筹莫展，因为这是自卫队防化部队的专业领域。于是警察当局请求陆自以“治安出动”的名义加以应对。

这一请求让自卫队顾虑重重。《自卫队法》规定自卫队有三种执行任务的方式，即“为抵御大规模侵略进行防卫出动”、“为抢险救灾而进行救灾出动”、“为解决国内治安问题进行治安出动”。如果进行“治安出动”，一般用于弹压国内暴力活动，之前还没有过先例，这是战后自卫队所极力避免的。

当然，以陆上幕僚长富泽晖为首的陆自领导层也在第一时间认识到了奥姆真理教的能量和其所带来的威胁，愿意为警察当局提供力所能及的帮助。平心而论，战后日本警察与自卫队的关系实在不尽如人意，它源于战时军部和内务省的恩怨纠葛。战前和战时的内务省是相当庞大的部门，警察也归内务省管。当时掌握国家权力的军部在国内实施战时总动员、控制经济命脉、削弱其他省厅权限的霸道行为，招致同样自视甚高的内务部门官僚和警察集团的反感。“大阪事件”成为当时军警对立的象征。1933 年，日本陆军第 4 师团一名一等兵在大阪街头无视交通信号，强行骑车闯红灯，巡警发现后立即上前制止，但一等兵振振有词地反驳道：“军人不需要服从警察的命令！”两个人争执不下，最后竟在众目睽睽之下大打出手。有人居然敢袭警，事情的性质立马变了，这名一等兵被随后赶来的巡警带到警察局关了起来。没想到这又捅了更大的娄子。第二天，第 4 师团长寺内寿一亲自操着家伙带着一帮人把关人的警察局砸了，闯红灯的士兵被带了出去。最后这件事情闹到了军部，军部认为军队不隶属政府，单方面裁定那名一等兵不违法，没有给大阪市警察局分文赔偿，管警察的内务省也始终没有讨到任何说法，内务省和军部从此结怨。

在巨大的危机面前，警察和自卫队开始将过去的倾轧和恩怨放在一边。陆自向警察厅出借了近 3000 件化学防护服，配发给执行搜查任务的 2500 名警官，并派遣多名防化干部赴警察厅现场指导防化服穿着要领。参加搜查的警官都无比紧张，有的甚至写好了遗书。因为就连身经百战的美军也从未有过处理好沙林毒气的实战经验，只要有一丁点儿毒气渗入防化服破损处，穿着者就可能死于非命。

还有令当局更为震撼的事情。警察厅人员在位于静冈县富士宫市的奥姆真理教一处基地中竟拍到一架全长 20 米的“米格 -17”大型多用途武装直升机的照片。所有人都担心，如果从空中向东京大规模施放毒气的话……于是警察厅和陆自连夜对奥姆真理教的威胁做出评估，并拟采取非常行动将其取缔。第一，该组织拥

◇ 在 2015 年沙林毒气事件 20 周年之际，东京都警视厅开展防化演习

有致死性沙林毒气制造、保存和运输能力；第二，拥有能从上空大面积施放毒气的武装直升机；第三，该组织很多头目具备航空器操纵能力；第四，制造并拥有大量非法武器。日本警察并不具备将高速飞行中的直升机击落的能力，这个任务自然落到自卫队身上，然而自卫队自创建以来也从未有过击落直升机的经验。更令陆自领导层担心的是，一旦被击落的直升机坠入民宅，后果将不堪设想，这是自卫队所无法承受的后果。当然，最棘手的问题莫过于找到自卫队出动的法理依据。

已经没有时间，自卫队陆上幕僚监部（后文简称“陆幕”）必须在 24 小时之内拟制完成配合警察厅实施强制搜查的作战方案，富泽陆幕长在日记中写道：“到底应派哪支部队、携带何种武器、以什么名义出动执行任务？我非常纠结。”具体方案由陆幕作战处处长拟制，其中关于派遣 250 名陆自防化部队专业人员随警察联合执行任务的内容明显牵涉到“治安出动”。陆幕根据掌握的情报对奥姆真理教的武装水平做出了评估，指出其拥有步枪、机关枪，也有可能再次使用沙林毒气进行反击。对此陆幕将如何排兵布阵？其作战想定如下：由防化部队赴一线与警察联合行动，步兵团、坦克营、防空营在外围担任警戒，并指令 CH47 军用直升机、UH 多功能直升机、OH 侦察机待命，将负伤的警察和周边居民紧急空运至自卫队中央医院，同时直升机部队还担负投送作战预备队的任务。不仅如此，作战想定还对如何应对最坏局面做出部署，由于不能排除奥姆真理教动用“米格 -17”大型武装直升机在上空投放沙林毒气的可能性，陆幕制订了动用反坦克直升机满载弹药飞临作战区域上空待命的计划，并指定担负首都防御的陆自第 1 师为总预备队。如果这一计划付诸实施，将成为战后自卫队首个作战行动，也是军警之间第一次默契地开展的联合行动。

然而这一想定立马被富泽否决，他面带怒气地对部下斥责道：“你们想干什么？这是救灾出动，不是作战行动！”其考虑不无道理，如陆自进行“治安出动”，意味着自卫队可在国内行使武力，但这必将在国民中引起莫大争议，如开此先例，或将使得“治安出动”常态化，可能对民主体制和国民自由存在潜在威胁。

部下这样解释：“能不能以救灾名义出动，兼顾 T（日语“治安出动”的缩写）？”富泽虽然理解部下的苦心，但是确实难以下达这样的命令，他说：“如果是 T，须下发部队集结指令，部队转入战备状态，我不能下达这样的指令。”“可是他们拥有武装直升机，警察不一定是他们的对手。”“这个我知道，可是在法律上我没有这样的权限，明白吗？”根据《自卫队法》第 78 条规定，“国内发生动乱而警察无法妥善应对时，首相本人或者首相根据地方行政长官的请示，可发布治安出动的指令”，同时该法第 81 条规定防卫大臣也可在首相许可的前提下发布“治安出动待命的指令”。《自卫队法》详细规定了队员的身份、任务以及行动的具体事项，凡法律没有规定的内容，自卫队一律没有任何实施的权限。富泽说的正是法理依据。最终抓捕计划由警察实施，3 月 22 日，2500 名警察包围了上九一色村的奥姆真理教总部，“法力无边”的奥姆真理教教主麻原彰晃束手就擒。

对于沙林毒气事件这一《自卫队法》未曾预想到的情况的处理，自卫队应如何行动？是一味服从法律还是临机决断，考验着指挥官的能力。在记者会上，富泽公开表示“即使在危机事态发生时，自卫队无论如何也应首先遵守法律”，这是富泽所代表的自卫队的立场。这一立场得到了广大民众的认可，表明自卫队和战前战时的旧日军存在着天壤之别。不过从另一个角度来看，民众也感到一丝不安。如果下次遭遇类似危机，自卫队将如何应对？自卫队陷入两难境地，到底是严格遵从法律，还是在危机面前以守护国民生命为重，这在当时就引起过争论。不管怎样，自卫队这一军事组织对法律的无条件服从超出了当时民众的预想。

五、“逆流”不止

1. 自日做梦的“三矢研究”

1960年安保运动之后，有关自卫队和防卫的话题成为日本举国不可触及的禁忌，当时的社会有一种视自卫队的存在为罪恶的倾向。20世纪50年代后期甚嚣尘上的“修宪论”、“自主防卫论”的声音随着岸信介内阁的总辞职而销声匿迹了。只要是涉及自卫队的话题就会被扣上“军国主义沉渣泛起”的帽子，谁都受不了。对比1958年和1967年的“世论调查”就可看出端倪。1958年，主张“无论如何都不能进行战争”的民众只占15%，超过75%的人认为“为了确保和平可以和邪恶国家开战”。调查结果到了1967年发生了逆转，有78%的受访民众持“无论如何也不能进行战争”的和平主义观点。民意不可违，日本战败后经过强制性的但受到民众普遍欢迎的民主化改造之后，“民意”这个词变得越来越有分量，只要是

◇ 日美实施联合两栖作战训练

主流民意坚决拥护或反对的事情，政府不会视而不见，而是会超前引领或努力迎合。战后的日本政党政治家们无须再亦步亦趋地像战前那样跟在军部的后面，而是小心翼翼地走在民意的前面，民意快则政治家快，民意慢则政治家慢，在主流民意不怎么认可自卫队时，日本政府对自卫队也是爱莫能助的。

当时闹得沸沸扬扬的“三矢研究”曝光事件即为反映这一时期主流民意和社会心态的佐证。所谓“三矢研究”，其实是统合幕僚会议开展的一项“昭和三十八年度图上综合推演”，代号为“三矢研究”。1963 年 2 月， 由统幕事务局长田中义男将补为指挥官，陆海空自卫队 84 名干部参加了这次假想战争的演习。“三矢研究”演习共分七个阶段。第一阶段为韩国政治情况恶化，部分军队发动叛乱，随之日本治安状况恶化。第二阶段，韩国叛军得到朝鲜方面支援，美军介入并反击，发生与越南类似的事态。第三阶段为朝鲜军南侵，第二次朝鲜战争爆发，日本西部地区形势岌岌可危，自卫队进入一级战备状态，并实行全国总动员。第四阶段，韩国军事政治形势进一步恶化，自卫队出兵与美军协同作战。第五阶段，日本西部受到朝鲜攻击，美军在朝鲜部分地区使用核武器，北海道也受到苏联严重威胁。第六阶段，苏联大规模军事介入，自卫队真正展开日美协同作战。第七阶段，日本本土全境受到苏联海空攻击，整个战场使用核武器，驻日美军向萨哈林岛、朝鲜、中国反攻，并进行核报复，美方取得最后胜利。

这尽管是一个白日做梦般的幻想，但对第三阶段之前的情况已做充分研究，如要向国会提出 87 件战时法案，建立国家总动员体制等。另外，“三矢研究”的前提是韩国军队叛乱，最后要由日美军共同作战来解决。这说明日美双方对韩国不信任，以及重视日美安全体制。同时计划指出，在非常情况下由自卫队代替警察承担国内治安任务。

两年后，这个研究内容被社会党议员冈田春夫发现，立即向国会和社会曝光，平时凡事对着干的自民党和在野的社会党在这件事情上破天荒地保持了一致。社会党的质询得到了自民党的支持。刚刚上台立足未稳的佐藤荣作首相是“吉田路线”的拥护者，和他的亲哥哥岸信介不一样，他很反感自卫队背着他做触犯国家既定方针的事，认为“制服组”此举背离了“文官治军”的基本原则。他指示在野党和执政党联合成立以松野赖三为委员长的“图上研究问题调查委员会”，表示一定要一查到底。最后，这件事以参与“三矢研究”的大部分成员引咎辞职而告终。随后，佐藤起用立了大功的松野赖三为新任防卫厅长官，由他来压制“制服组”。

以这一事件为发端，“自卫队”这个词在日本政界成为所有人避之唯恐不及的对象，谁敢公开支持，谁就会自食其果。

2. 议长解职

时隔15年后，有人想突破这一禁区，仍以完败收场。1978年，统合幕僚会议议长栗栖弘臣在一次发言中公开声称，“《自卫队法》中关于自卫队只有在首相发出指令后才能行动的条款是有缺陷的，一旦祖国遭到突然袭击，一线部队指挥官有权采取超法规的特别措施予以应对”。这一言论在当时犹如一颗炸弹引爆了日本社会，被指公然藐视文官治军的根本理念，栗栖也被防卫厅长官金丸信解职。

栗栖特立独行的言行不是第一次。他从年轻时候起就被认为是一个反常的人。他1943年以综合第一名的成绩毕业于东京帝国大学法学部，此后在高等文官考试中拔得头筹，原本可以进入内务省并随便挑选岗位，却主动加入了南方军服役，

◇ 每年都举行阅兵式的第13旅团（前身为第13师团）

任海军法务大尉。日本战败后，所有人都希望尽快复员回国，而他却选择滞留东南亚为B、C级战犯辩护，延迟了复员的时间。他回国后于1951年加入了警察预备队。在就任驻广岛第13师团长时，栗栖还力排众议强势主导了大规模阅兵式。由于这次阅兵式是首次在遭受核弹袭击的城市举行，遭到了市民和左翼团体的强烈指责，但是栗栖在回忆录中辩称“阅兵式极大提升了饱受打压的自卫队员的士气，自己的果敢行为得到了下属的高度评价”。

栗栖被解职一点儿都不冤枉，一个自卫队干部居然想拥有超越法规的权力，这分明是极右翼的思维。宣战权、交战权只能永远握在政府手里，政府的决策正确与否姑且不论，它对于自卫队的绝对权威是不容置疑的，这是文官治军的铁律。九一八事变、七七事变等侵略行为不都是日本军人无视政府的权威擅自挑起来的吗？所以，栗栖大放厥词突破了“文官治军”政策的底线，也触碰了民众内心敏感的神经，哪怕只是出现一点儿这样的苗头也不行。有一点不能不令人关注，自卫队从组建起至上世纪80年代末，部分指挥岗位实际上仍由前“皇军”将校占据。例如，第三任航空幕僚长（相当于空军参谋长）源田实曾是二战时“神风特攻队”发起人之一，这些旧军人骨子里推崇的还是“忠君爱国”那套理论。

3.“理想不成，杀身成仁”

在驻日美军的军事保护伞下埋头搞经济、实现生活的富足，无疑是那个时代的主流，然而既然有主流，就必然存在末流、支流甚至逆流。当时最令人震撼的莫过于三岛由纪夫劫持师团长并剖腹自杀事件。三岛由纪夫是日本小说家、剧作家，著有小说《金阁寺》、《假面具的自白》、《丰饶之海》等，他还有一名当时同样是人气作家、最近几年媒体曝光率极高的挚友——石原慎太郎。三岛由纪夫一方面是名成功的文学家，可另一方面，他更是一个狂热的“原教旨”军国主义者，他痛恨“和平宪法”，崇拜天皇，渴望看到日本军国主义化。1967年，他用一个月的时间秘密受训于自卫队；1968年，组建了约100人的私人武装“楯之会”。作为畅销书作家的他相当富有，居然投入了2000万日元用来管理他的“小型军队”。

1969年10月，三岛在听到自卫队宣布自己是保卫“和平宪法”的武装之后，悲叹那是个“悲剧性的时刻”，而此前，自卫队始终不过是“宪法的弃儿”。他写道：“我们怀着热望屏息倾听，但在自卫队中，却自始至终不曾有人挺身抗命，反而包羞忍辱，去保卫这一否认其存在的宪法。必须修改耻辱的宪法，恢复自卫队的本来地位，使它作为国家军队而不是警备力量而存在。”

三岛等人本想说服自卫队一道占领国会，要求修改宪法。但他认为自卫队恐怕靠不住，因此他们采取了单方面行动。1970年11月25日，他带领森田必胜等几名“楯之会”主要成员，闯入驻市谷（现防卫省驻地）的陆自东部方面队幕僚监部，敲开了东部方面总监益田兼利陆将办公室的门。骗取益田信任后在没有任何征兆的情况下将其劫持，同时向益田提出四项要求：第一，中午12时之前，把陆自东部幕僚监部全体人员集结到总监部大楼前；第二，“安静地听取”三岛的演说；第三，把在市谷会馆集会的“楯之会”会员集中到此地聆听三岛等人的讲话；第四，从11时到13时10分，不可采取任何行动对三岛的演讲进行干扰。否则三岛将立即杀死师团长，并切腹自杀。三岛所谓的“干扰”，是指“毒气、水、别动队、强光、通过扩音器的讲话、谈判企图以及任何心理攻势”。如果所有这些要求得到满足，他们将在两小时内平安地释放师团长。关于以上各项要求，三岛还提出了“四不”声明，即“不考虑进行任何修改、不做任何解释、不回答任何问题、不接受任何谈判或对话”。

10余名下级干部和士官几次企图突破障碍冲入办公室，三岛和他的“志士”挥剑击退了他们。为了师团长的生命安全，高级干部喝退了那些人，答应集合队伍。12点整，三岛面对人群开始了“慷慨陈词”。他拿出早就拟好的“宣言”读起来，“是什么驱使我们采取这一徒劳的行动？是我们对自卫队的爱戴，你们是这块寒气逼人的冻土上唯一的福地……我们相信，只有自卫队护持了真正的日本、真正的武士精神。当你们觉醒时，日本也会随之觉醒！”三岛最后高呼：“过去一年来，我们曾经翘首以待。我们已对妥协者失去了耐心，让我们再等待30分钟，最后的30分钟。奋起吧，和我们一道舍生取义，以身殉节！”

三岛的演讲纵然慷慨激昂，可惜没有人听他讲话，很多人觉得他一定有精神病，也有很多愤怒的官兵喊叫着：“滚下来，把师团长放了！”与此同时，三架直升机在三岛头顶盘旋。具有讽刺意味的是，这是东京警视厅的直升机，而陆自自己的直升机就在不远处停着。即使三岛谴责自卫队不能维护它作为军队应有的权利，自卫队仍然求助于警方。

在人群的喝骂声中，一些人听到了三岛断断续续的“失去了耐心”、“再等待30分钟”、“舍生取义”等呼喊声，当然，不会有人响应。三岛等人看到此情此景，终于对他长年寄予厚望的自卫队彻底绝望了。三岛向森田示意，森田立即站到了他的一侧，两人三次高呼“天皇陛下万岁！”然后他们突然转身退入师团长办公室，见此情景，平台下的人群意识到三岛可能会加害师团长，场面瞬间安静下来。

◇ 三岛由纪夫 (1925—1970) 临死前在东部方面队发表“演说”

接下来，三岛以武士道的传统方式剖腹自杀了。显然三岛先生对日本国博大精深的自杀文化研究不深、造诣不高，因为他的自杀方式并不符合自己心目中的“经典程序”。传统武士一般用短刀切腹，而他用的是长长的指挥刀，显得很不“专业”，而且介错[①]也是“二把刀”，明显没有受过砍人脑袋的专门培训，挥刀对着三岛的脖子砍了三下，把刀刃都砍卷了，才将三岛的脑袋砍下来。三岛先生受罪了！三岛跑到自卫队剖腹、宣传军国主义的行为让官兵觉得非常不可思议，无一人出来响应三岛，从这个侧面可以看出日本社会的军国主义思想其实已经连根铲除，没有市场。至于像三岛这样极少数军国主义分子的叫嚣，无论哪个国家哪个时代都有。值得一提的是，那位成为三岛人质的东部方面总监益田兼利原本很可能成为下一任陆上幕僚长，但终因三岛事件而不得不在一个月后的 12 月 22 日就引咎辞职，并在三年后就郁郁而终，年仅 60 岁。

尽管在20世纪70 年代，三岛的行为遭到自卫队官兵的鄙视和嘲笑，但在今天，他自杀的影响却在部分后世“制服组”心中持续发酵。三岛自杀事件在当时就像一颗被冰封的种子一样暂时冻住了，可是待到气候条件合适时还有可能生根发芽。现在已经有部分干部在私下宣扬这种“理想不成，杀身成仁”的所谓三岛精神。三岛之死既让人费解，又让人不安，应该时刻提防武士道信仰者所组成的军国主

① “介错”是日本历史上为切腹者来担当补刀行为之人的称谓，是指在日本切腹仪式中为切腹自杀者斩首，以让切腹者更快死亡，免除痛苦折磨。

义亡灵对世界和平的威胁。

4. 流产的“政变”

1992 年 10 月 15 日，千叶县下志津卫戍区的三等陆佐柳内伸作通过日本发行量最大的期刊《周刊文春》发出“檄文”，公开讨论动用自卫队推翻宫泽喜一内阁，就如同“大日本帝国皇军”在 20 世纪 30 年代那样行事。“檄文”列举过去几年日本国内发生的丑闻事件，认为改革已毫无希望，“剩下的手段只有革命或军事政变，军事统治是唯一途径……在政治腐败持续之际，军事统治的时机无疑将会到来”。

◇ “鸽派”首相宫泽喜一（1919—2007）

柳内伸作的“讨贼檄文”在自卫队引起很大反响。事实上，自卫队不少将校和柳内伸作有着相同的观点。时任陆自幕僚长西元彻也后来曾说，政客是考虑语言的，而军人是考虑行动的。这番言论很容易让人联想到日本军部“暴走”，架空文官政府，最终走上对外侵略之路的那段历史。

起初，日本一些政府官员认为柳内伸作是在开玩笑，但不久，他们便意识到问题的严重性。很多观察家担心，拥有 24 万兵力的自卫队可能会利用政局不稳之机，脱离文官的有效控制。有官员指出，“二二六兵变”中，就是少壮军人呼喊打倒无能政府，一举发动了军事政变，在日本经济不景气之际，柳内伸作的“檄文”不可小觑。日本政府得出结论，这名军官发出“檄文”是一个非同小可的尝试，企图打破战后日本最深刻的禁忌中的一个。防卫厅官员采取紧急行动，彻查柳内伸作是否制订了完整的“政变计划”。

在宫泽喜一政府的严密监控下，自卫队没有出现异动迹象。但面对各方疑虑，当局紧急采取行动。10 月 16 日，内阁官房长官加藤纮一表示，“防卫厅将进行必要调查，并采取恰当措施”。防卫厅长官宫下创平称，柳内伸作的文章骇人听闻，“我们应该调查他的真实意图，恰当处理好这起事件”。宫下创平向日本社会保证，局势在掌控之中。紧接着，一些专家出来“灭火”。青山学院大学防务专家阪中友久说，柳内伸作的想法在官兵中并不流行，政变主张“极其荒谬”。11月12日，柳内伸作被开除队籍。

5. 田母神俊雄事件

2008年，一个名叫田母神俊雄的“制服组”高官由于言论不当而被麻生太郎首相当场撤职，他时任空自幕僚长，可以说官不小。此前他在民间举办的题为“真实的近现代历史观”论文大奖赛中提交了美化侵略历史的文章《日本曾是侵略国家吗？》，还获得了一等奖。关于日军在伪满洲国、朝鲜和中国大陆的侵略行为，他写道：“当时东南亚多数国家都被白人占领，认为日本是侵略国家是不合理的，日本只是按条约行事，事实上，由于日本政府和军队的努力，当地人民从压制中解放出来，生活水平不断提高，……我们应当重温光辉的历史，抹杀历史的国家一定正处于衰退之途。”他的论文被选为“最佳作品”，其本人则以现役航空幕僚长的身份领到了高达300万日元（约24万元人民币）的奖金。

此文一经发表，立即掀起了轩然大波，首相麻生太郎严厉批评了这一反动言论，他指出：“现役的航空幕僚长竟然发表这些言论，立场绝对有问题，这一言论与为侵略历史谢罪的‘村山谈话’完全对立。”在事件曝光的当天，田母神俊雄上将就被麻生当场撤换，成为时隔30年又一名因犯错误下台的幕僚长级高官。他的“优秀论文”不但引起东亚各国的强烈不满，也引起国民对自卫队内部思想及教育状况的担忧。为了防止此类事件的再次发生，此后的鸠山由纪夫、菅直人等历任首相上台后都指示防卫省，要加强对“制服组”言论及行为的监督，并不断对其进行“思想再教育”。

◇ 田母神俊雄被解职前曾任第29任航空幕僚长

军方高级将领敢口无遮拦，用激烈言论颠覆政府既定的战争史观，在战后日本历史上还是首次。根据规定，田母神虽身居航空幕僚长的高位，但其职责是做好自卫队管理与训练工作，无权发表有悖于国家大政方针和政治主流思想的言论。田母神的这种美化侵略战争之举是极其严重的政治事件，表明在自卫队内部和部分日本国民中间，军国主义思潮依然没有彻底肃清。一方面，这些人所持有的极右翼思想已占有一定的市场，开始组成小集团不断宣传自己的观点，向政治家和国民发难；另一方面，一些自卫队高官不满于被“制服组”支配的现状，通过故作惊人之语来炒作自己，肆意破坏“文官治军”和“政治中立”的原则。

被剥夺公职之后，田母神索性一不做，二不休，开始从政。这位曾经的空自掌门人、如今的“极右狂人”索性与网络右翼为伍。2014年他因参选日本东京都知事再度走进民众视野，他在社交网站上的活跃程度达到33%，在候选人中排名第一，吸引了众多民众的眼球。他参加东京都知事选举，虽以失败告终，但得票数位居第四，虽然是第四，但从人数来看并不少，有60余万张选票，其支持者都是如假包换的极右分子。落选之后，田母神俊雄表示“并没有失败的心情，这是新政治势力的诞生”。田母神俊雄还主张“核武器必要论”，这种不看美国脸色的

◇ 自民党重臣石破茂（右）与安倍晋三

言论不仅使其在保守派中人气大增，还让其深受20多岁年轻人的支持。有分析认为，该现象反映出日本网络右翼的扩张。田母神俊雄自称“忧国的保守派评论家”，以一系列备受争议而又引人关注的发言吸引了众多日本网络右翼的支持，甚至在网上被尊称为“阁下”，支持者数量惊人。这从侧面反映出了日本国内现阶段的政治氛围及状况。无论在今后将选择怎样的政治道路，他无疑会代表右翼保守派阵营，甚至可以成为影响未来日本发展的人物之一。

当前的自民党巨头之一、前自民党干事长、现任安倍晋三内阁的地方创生大臣石破茂在2003年防卫厅长官任上召开的一次自卫队高级干部会议上曾经指示，“‘制服组’就有关政治问题陈述意见是权利，也是义务”。田母神显然“领会”了这一训示，在自卫队内部杂志上发文指出，“因为陈述意见是义务，所以对自己意识到的问题不发表意见的话，就是不履行义务”，并且还说，“关于栗栖发言，他当时说的话成了问题，但是如果他不说更是问题”。

石破的训示其实也是对“文官治军”和军人“政治中立”的原则的破坏，这不禁让人想起战前促成军部介入政治的“南次郎的训示”。当时担任陆军大臣的南次郎于1931年8月4日在军部师团长会议上训示道：“为了积极解决满蒙（当时的中国东北和外蒙古）问题，军人有必要介入政治。”在“南次郎的训示”之前，日本军人是被要求保持中立的，但是以南的训示为契机，军部公然干涉政治。人们不会忘记，当年的九一八事变正是驻扎中国东北的关东军在政府未经知晓的情况下密谋策划发动的。

为什么时至今日，像田母神俊雄论文所主张的日本没有侵略亚洲这个荒唐的历史观仍被人反复提出呢？决不能无视和放任这种言论，重要的是必须认真追究其深刻的背景。“田母神论文”出现的背景与日美安保体制有关。以冷战架构为前提的日美安保，不仅是日美经济军事同盟，同时，事实上也使日本逃避了战争责任，将日本对亚洲国家进行侵略的历史事实搁置起来。日美安保成为导致“制服组”少数右翼分子否定历史的一大因素。如同向受害国的赔偿随着时间而改变了一样，“宪法第9条”也因日本政府的行动和法院的裁决——更重要的是安保体制的存在，而打了折扣。到目前为止，日本没有与过去侵略过的亚洲各国和解的主要原因在于日美安保体制。日美安保成为横亘在日本和亚洲诸国之间的一道障碍，正因为这一障碍，日本得以逃避侵略亚洲的战争责任。

第二章
行走在自卫队

一、在自卫队“当兵吃粮”

1. 如何成为普通一兵

自卫队实行募兵制，即志愿兵役制，当兵的待遇还是有保证的。进入自卫队，即使是士兵也立即就会成为“国家特别公务员”，既有工资还有奖金。一般新兵（自卫官候补生）最初3个月拿12.5万日元的工资，以后基本工资在15.9万至17万日元之间。如果是短期大学或者专门学校毕业的，就可以获得每月16.6万日元的收入，如果有相应的工作和职务经历，就可以获得最高起薪17万日元。培训期结束以后二等陆士工资为17.6万日元，第二年升为一等士以后，不论学历和工作经历，都可以加到18万日元。之后就像日本大公司一样，每年都会定期加工资，到第三年就可以升为士长，拿到18.7万日元工资。也就是说，除了在最初3个月工资很低以外，之后的收入和一般公司的职员相差无几，特别是当了士长以后，比公司职员拿得都高，当然比当下规模日益扩大的派遣职员的待遇更是高出不少，而这，还只是被称为“蚁族”的兵的收入。

由于收入尚可，即使只是想当兵，像海自和空自这样的技术军种也并不是谁都可以很轻松就能加入的。以海自为例，要当兵的话，必须在每年7月1日报名，9月中旬参加考试并通过后才能取得资格。考试分为文化科目（文化程度至少要达到初中以上）、身体检查（包括体能测定）和口试，通过者第二年3月或4月正式录用。具有初中以上文化程度、没有犯罪前科、不满 27 岁且拥有日本国籍的青年男女都有报名资格。对于曹候补生的审查更为严格，一般要由自卫队地方联络部①（“地方协力本部”）进行政治审查。主要调查候补生是否有反国家反社会倾向。以前曾调查报名者的政治倾向，凡是加入或支持社会党、共产党者，以及宗教信徒，一律被排除在自卫队之外，现在这种规定已经取消了。每个国家都会对新兵进行政审，主要是害怕出乱子，扰乱军心。近 20 年来自卫队内部出过很多大事情，像 1995 年 3 月现役自卫队员向奥姆真理教教徒出卖内部资料、2005 年 4 月防卫厅技术研究本部一部技术官向部分国家泄露日本潜艇的核心参数资料等“不祥事”，对于很多自卫队员来说仍然记忆犹新。

◇ 自卫队女兵

客观而言，在自卫队当兵吃粮相对轻松，自卫队地方联络部每年都会主动跑到各地公立高中招募兵员，举行业务说明会，鼓动学生加入自卫队。而希望入队的学生也不在少数，因为即使是普通一兵的待遇也不错，高中毕业后不想再升学的学生往往选择加入自卫队。日本 2014 年的防卫预算达 4.8 万亿日元，按照现有员额平摊的话，落到每名队员身上的总开支近 2000 万日元，扣除必要的装备和后

①自卫队地方联络部：相当于我国各省市的“人武部”，其前身是自卫队地方联络部，一般由口才很好的二等陆曹担任“宣传官”，从事自卫队宣传、队员招募等工作，是陆海空的共同机构。

◇ 陆自士兵

勤开支，应该说队员的生活训练条件堪称优越。自卫队已实现高度职业化，队员服兵役如同上班，和公司白领一样实行“朝九晚五”的作息制度。和地方企业相比没有太多的特殊要求，也没有军容风纪检查和内务规定之类的条条框框。每天早上 8 点，官兵乘坐电车或开私家车从家里赶到基地，穿上制服开始一天的训练，到了下午 5 点，脱下制服换上便装回家，除了值班，不需要在基地过夜。这种做法来源于战前陆军的传统。陆自俗称“乡土部队”，二战前，“皇军”大队长以下（含大队长）的军官和士兵士官都是从一个地区征召而来的。战后进行了改革，干部不再从本地选拔，但同一个大队甚至联队的士官和士兵都来自一个地区，至今未变。

虽然近年来自卫队不断向正常军队靠拢，但在“和平宪法”还没有正式改动的前提下，自卫队员如果在战场或执行任务过程中开枪打死了对手，那就构成了违法行为，是要受到国家法律制裁的，可如果“临阵脱逃”却可以不受追究，因为自卫队没有自己的军法。看到每天坐着电车上班的自卫队员，让人感到这支“民兵”与军队实际上有着很大差异，至少从法理上说确实如此。

2.“皇军”勇武已成历史

自卫队员被视为业务水平优秀的技术人员，但是自卫队的实际战斗力始终令人生疑，特别是陆自。在外人看来，自卫队经费充足，训练任务应当非常饱满，实则不然。在日本这样的弹丸之地，可供部队训练的场所比较少，经常连基本训练都不能得到保证。即便有空旷场所也大多属于私人土地，不能随便闯入，这就限制了自卫队施展拳脚。自卫队基地和训练场地几乎都处于民居包围之中，基地和居民区之间往往只隔着十几米宽的马路，这样的现状使得其每次训练都非常纠结，因为坦克、自行火炮等重型装备发动时的噪声经常会招致大量扰民投诉，令自卫队处境尴尬，而民众对投诉自卫队不存在任何心理障碍。队员每月只有一次参加实弹射击训练的机会，并且在弹药消耗数量和实弹训练时间方面都受到严格限定。

让人大跌眼镜的是，新兵队列训练时竟然会播放音乐，士兵们随着乐曲节奏做动作，就像小学生做广播体操一样，而且满 30 分钟就要休息一下，喝瓶冰镇雪碧解解渴，然后继续训练，如此反复几次就结束了半天的训练。新兵如此，老兵也好不到哪里去，日本著名军事杂志《丸》这样介绍：“在一次日美联合演习中，当 UH-1 运输直升机舱门一打开，美军着地后立刻呈扇形展开，士兵们交替采用伏击姿势警戒，相互掩护前进。反观日本自卫队则是一窝蜂地跑下直升机，乱糟糟地整理武器，官兵们一股劲向前冲锋，不管周围有没有冷枪打过来。”这样一种训练水平生成的战斗力强弱可想而知，看来自卫队和“皇军”已不可同日而语。

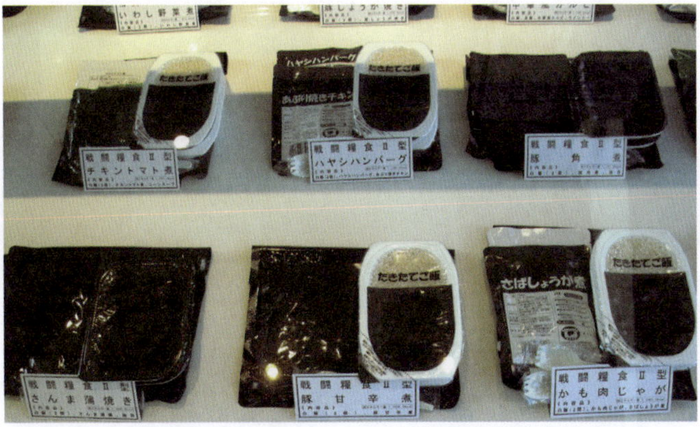

◇ 陆自野战食品

自卫队还有一个奇葩规定：只要室外气温超过 32℃，陆自就停止训练回营房吹空调去了。对此日本媒体批评道：“32℃以上就可以不训练，难道战争来临时，敌人会只在 32℃以下风和日丽的天气进攻吗？期望这种军队能保家卫国，岂不怪哉？”之所以如此，主要是因为现在的士兵太娇气，干部怕出伤亡事故，不敢从难从严训练。

不过，随着安倍政府变更关于行使集体自卫权的宪法解释，日本自卫队的训练方式开始恢复“光荣传统”。一位服役多年的自卫官透露，以前的训练主要集中在侦测敌人、迅速到达现场及对武器的使用和保养上，但近几年，如何快速杀敌、熟悉陌生环境、掌控战区等成了主要训练内容。以前队员认为自己的职业相当于有特殊任务的警卫，现在看来，他们要被塑造成能进行海外作战的职业军人。

再以陆自射击科目训练内容的变化为例。自卫队创设以来，陆自以在北海道滩头阵地迎击渡海登陆的苏军为作战指导，将步枪远距离射击作为重点演练课目，靶子距离为 200 至 300 米。然而斗转星移，目前迫近的威胁不再是即将实施大规模进攻的苏军，而是近在咫尺的恐怖分子，这些人混杂在民众中间难以分辨。于是陆自训练内容开始向实战靠拢，取而代之的是超近距离射击，敌方靶和友方靶同时出现，须在极短时间内做出判断并将敌方靶击倒。

二、国防宣传有门道

20 世纪 90 年代以来，自卫队的“弱势”倾向有所改观，其中当然有国际国内大气候的影响，但有一个因素功不可没，那就是恰到好处的国防宣传攻势。自卫队非常重视和平时期军民关系在未来战争中的作用。他们认为，在未来战争中除了依靠每个队员的精神力量和觉悟外，还要依靠国民的大力支援，强调一旦自卫队脱离国民的理解和支持，就不能成为一支真正的防卫力量。

1. 自我营销方略

战败后至今，“日军”不复存在，当前的军事力量以“自卫队”的名义诞生发展，根据“和平宪法”，日本不能明目张胆地开展国防宣传和教育，因此兵员招募如果以防卫省下发红头文件的形式展开，不可能有任何成效，所以其招募兵员是以别具一格的方式进行。自卫队初创时期，无论是这一组织本身还是组织内成员都普遍不受民众欢迎，相当多数的人甚至对其抱有厌恶情绪。随着时代的发展，日本社会的老龄化和少子化问题的严重性与日俱增，种种因素使得自卫队始终面临兵员招募困难的窘境。

不过这难不倒防卫省官僚和“制服组”成员，自卫队充分把握不算太大的政策空间，利用每一个机会推销和包装自己，找到了一条颇具特色的国防教育之路，既强化了民众的国防意识，为自卫队招来了所需的兵员，也增加了民众对自卫队的认同感和亲切感。

◇ 2014年度《防卫白皮书》

2014年8月5日，日本政府公布了长达505页的新版《防卫白皮书》（以下简称白皮书），“周边威胁”之类的老生常谈依旧是重点关切。有一个细节值得关注，安倍晋三首相特意邀请97岁高龄的前首相中曾根康弘为白皮书撰文鼓吹。这位老朽出身于战前内务省警察官僚，战后即进入政界，1970年担任过防卫厅长官，他正是白皮书的创刊人。1970年，中曾根执掌防卫厅，为向国民说明增强防卫力的必要性，他仿效外国首次公开发表白皮书。首部白皮书由三部分构成，第一部分是一般论述关于现代社会的防卫意义，第二部分强调日美共同防卫体制的必要性，第三部分介绍自卫队的实态。自1976年以后，防卫厅每年发布一次白皮书。

不要小瞧这本白皮书，它不仅是面向国会和纳税人汇报自卫队年度业绩、绩效的工作总结，也是面向国际社会做防卫政策解释的外交展示，更是面向本国青少年及普通民众的国防教材和征兵手册。可以说，白皮书身兼数职。除了日文版和英文版外，每年的白皮书还有一个动漫版，在防卫省的网站上就可以点击观看。2013年动漫版白皮书以一个可爱的小姑娘和一个俏皮小男孩之间的对话展开。他俩一个问：“你知道专守防卫战略吗？”“你知道周边国家军力发展有多快吗？”另一个逐一作答。一问一答里没有政策上的说教，没有难于推敲琢磨的字眼，只有形象的比喻和易懂的语言。

◇ 民众参观陆上自卫队基地

国防宣传的另一重要目的和内容就是让民众了解和亲近自卫队，有些活动已经常态化、制度化。为使国民正确理解自卫队，争取国民的支持，各部队经常邀请地方各界人士到军营参观及体验生活。特别是针对年轻人缺乏参军热情、但对各种现代化武器系统兴趣浓厚的特点，自卫队的各个驻地和基地每年都会举办公众开放日，并在其中安排丰富多彩的活动。为保证这项活动的开展，各基地都配有专门人员负责，为参观人员提供与部队同样的伙食和住宿条件。比如，空自会安排战斗机飞行表演，海自会组织民众登舰出海，陆自则将民众请进场观摩日常训练。每年到各部队体验“海上一日”、“当一天兵”和“战机搭乘”等生活的达百万人次之多。

各路军演也敞开大门欢迎民众零距离体验。2014 年度富士综合火力演习有多达 11 万的民众报名参观，创历史新高。比如 2014 年 9 月 21 日，陆自在秋田驻屯地举行了 62 周年纪念活动，尽管阅兵式只有 480 名自卫队员参加，却吸引了超过 7000 名市民到场观摩。一位自称“战机迷”的年轻人在博客里记录了他参加滨松基地公众开放日的感受，从他的话语中不难看出国防宣传的效果。“上午 10 点我到达时，这里已经是人头攒动，有些人甚至自己带来了梯子，以便于远眺参观。”“参观地面装备之后，飞行编队进行了表演，虽然只是不同机种编队低空飞过，没有什么高难度动作，但那些飞机飞过头顶时的场景还是让人很震撼。”此外海自和空自还会经常安排战斗舰艇和飞机停靠指定地点，供市民参观和拍照，每当舰艇远航，军人家属和亲友均可到码头送行，场面热烈感人。

公众开放日期间，自卫队基地的餐厅和各种服务设施也对民众敞开大门，人们既可以免费品尝可口的“军粮”，也能买到市场上见不到的军品留作纪念。因为可以进行吃喝玩乐一条龙的“免费旅游”，所以民众对参加公众开放日非常踊跃。各自卫队举行公众开放日的信息会在互联网上发布，民众需提前报名预约，主办单位对报名者进行抽选后，再将参加者名单公布在网站上，这让获得参观机会的

◇ 民众在空自入间基地观摩航空展

民众有了一种中奖的感觉。

自卫队还以中小学生和公司新职员为对象每年组织军训，让受训者穿上军装，和正式队员一起训练、生活，以此加深对自卫队的了解，培养紧张的生活作风。军训时间少则一周多则三周，有时甚至一个月。在军训座谈会上，有的青少年表示“将来一定当兵”。日本著名作家三岛由纪夫介绍军营生活感受的文章《入队四十六天》，曾一度入选中学生的教材。

尽管公众开放日人气很旺，但毕竟不是每天都有，为了扩大覆盖面，自卫队

◇ 中谷元防卫大臣试乘 F15 战机

还常态化设置了免费开放的公众交流中心。如东京朝霞基地的陆自公众交流中心是一栋三层高的建筑，地下是一个模拟指挥所；一楼大厅和外面的草坪上陈列着自卫队现役主要装备，包括自行火炮、坦克、履带式装甲车和武装直升机、无人机等；二层展示军装及轻型武器装备；三层则是陆自国际维和事迹展。值得一提的是，交流中心一层设有一个被称作“动感地带区”的 4D 电影院，里面的座椅装有振动装置。当你戴上看立体电影的专用眼镜，观看《陆自员的成长历程》时，座椅会随着实弹训练的枪炮声震动和摇摆，让人感觉身临其境。利用流行的动感技术来制作国防宣传片，日本可能算是头一家了。

除此之外，自卫队还煞费苦心，充分利用文化的传播力和影响力，将自卫队员打造成硬汉形象在各类影视剧中播出。特别是注重运用女性形象为自卫队增色，巧妙地将女性和战争联系在一起的动漫《少女与战车》成为近几年日本大热的影片。它是一部以女坦克手为主角的动画片，主人公身着超短裙校服，眼睛大得出奇，勾起了日本宅男从军的兴趣。前不久另一部动漫影片《永远的零》也成为热门，它讲述了“神风特攻队”飞行员的故事，据称这部动漫蕴含着一定的反战思想，

◇ 中谷元防卫大臣在基地对外开放日亲临视察

某种程度上是在反驳“日本军人狂热”的舆论。

2. 人气爆棚的军旅歌唱家

自卫队自组建以来一直没有体育和艺术类军人编制，但军乐之于军队就像佩剑一样无法割舍，各师团、旅团以上单位都把军乐队作为传统保留下来。

为进一步密切军地关系，自卫队地方联络部和民间团体经常利用节假日举办军地联谊活动。日本的民间传统节日很多，每逢节日来临，各地市民都举行各式各样的庆祝活动，当地驻军便派音乐队参加联欢活动。军乐队定期举行大量公益演出，演出主要目的是用军乐唤起民众的国防意识和热情。陆海空各自卫队每年都举办音乐节，最近几次音乐节都吸引了近 5 万名观众。

根据日本媒体报道，陆自中部方面队所属音乐队仅 2014 年就演出 120 多场次，除定期演出外，还接受地方团体的一些邀请演出或到学校进行宣传演出，创造了音乐队 10 天巡回演出 1000 公里的全军纪录。每逢重大节日，自卫队不仅举办军地联欢会，还邀请地方政府官员、社会名流和市民来部队做报告，参观阅兵式。

◇ 富士综合火力演习展示

通过这些活动进一步密切军地关系，同时也教育部队尊重地方政府，遵守政府法令法规，尊重民俗民风，视国民为父母。

最近两年涌现出的军旅歌唱家三宅由佳莉颇受自卫队员追捧，被誉为“最美自卫官”，她的照片成为征兵广告中最有杀伤力的武器。根据日本《新华侨报》记者的报道，自卫队很多基地周边的音像店内摆放最多的正是三宅由佳莉的专辑，不少自卫队员在宿舍内都贴有这名女星的照片。出生于冈山县的三宅由佳莉2009年毕业于日本大学音乐系，在读大学时听闻海自要招募歌手，于是报名应聘，毕业后加入海自东京音乐队，成为一名歌手兼管弦乐队成员。自卫队的军乐队以男性为主，三宅由佳莉也是为数不多的女军旅歌手之一。

2014年三宅在接受《产经新闻》等媒体采访时表示，她最大的心愿是“随着海自舰艇到世界各国演唱，以此激励士兵，为所有人分忧”。此番言论值得关注，随着集体自卫权宪法解释的修改，自卫队即将能够“自由地海外派兵”，要知道在战前日军可是有着到处“海外派兵”的历史。三宅的心愿与首相安倍晋三的心思不谋而合。这名“鹰派”人物上台后，力图修改“和平宪法”，放宽其海外武器使用标准，让自卫队“出海”履行更多的军队职能。

3.“嫁人就嫁自卫队”

近年来，日本民众对自卫队反感、疏远的立场正在迅速扭转。这在一定程度上得益于自卫队的婚介计划。自卫队员的生活作风问题曾让自卫队高层焦头烂额。近几年来，队员四处拈花惹草的丑闻频频见诸报端。毕竟，对于男性成员占九成以上的自卫队来说，驻地附近的成人影像店在满足自卫队员一时需要的同时，往往会助长其不良冲动。如何让这群正处荷尔蒙狂飙期的男子安心在自卫队服役成为自卫队高层亟待解决的问题。思来想去，高层认为还是让队员们成家立业比较靠谱。于是从 2010 年以来，自卫队开始大张旗鼓地出钱委托驻地所在城市的专业婚介公司，为队员广寻合适的相亲对象。

◇ 军旅歌唱家三宅由佳莉上士

各地自卫队举办的相亲会大都广受欢迎，至今自卫队已组织 100 多场军营征婚活动。此举可谓一箭双雕，既能解决自卫队员的婚恋问题，又能提升自卫队的社会认同感。

相亲活动内容丰富，以秋田驻地的征婚现场为例，浓妆或淡妆的女性分组坐在观众席上，观看自卫队员的实战训练和才艺表演，暗自记下心仪的对象。接下来，整个相亲活动移至体育馆，男女之间可以自由交谈。如此“征战”一天，该驻地已有十数对确定了恋爱关系。在千僧驻地举办的相亲大会有近 400 人的规模，主要内容不是让自卫队员秀肌肉，展示男人味，而是将重点放在宣传自身“光荣历史”和队员的优厚待遇上。再比如，2014

年一次陆海空自卫队联合相亲活动中，总共收到1400多份单身女性的申请，也就是说，平均每名自卫队员可从十多名女性中做出选择。

经济长期不景气，日本女性纷纷将安全感作为择偶的首要标准，而自卫队员不仅收入稳定而且身体强壮，这让女性更有安全感。要知道，仅仅在十几年前，嫁给自卫队员还为日本主流社会所不屑。2011年3月11日的东日本大地震，让自卫队的社会形象得以彻底扭转。自卫队员在东北沿岸地区展开持续半年的大规模搜救和抢险，令那些在海啸中失去亲友的人对他们心存感激，也被自卫队员奋不顾身的精神所打动。

4. 盒饭里的国防教育

自卫队也崇尚“革命传统教育”，希望军民忆苦思甜，不过宣传形式却是别具一格。自卫队基地的餐饮店会对外出售一种非常简单的盒饭——“太阳旗便当”，精致的长方形木盒子里铺着薄薄一层白米饭，中间有一颗腌制的红色梅干，俨然日本国旗的图案，这是二战后期食品匮乏的情况下日本政府号召民众吃的一种食品。这种隐性宣传无处不在，在战时如此困难的形势下，即使是吃这种便当还不忘鼓舞士气。

◇ 海上自卫队制式手表

不仅如此，自卫队还非常善于发掘自身资源制作出各种带有浓郁军味的土特产出售给社会大众。比如防卫省大院内的商店对外出售“东乡平八郎牌”或“山本五十六牌”清酒，卖的手表上刻有“陆自”、“统合幕僚监部”等机构名称，而且这些产品质量有保证，价格相对低廉，颇受欢迎。如果买得多，一下购入三瓶以上清酒的话，还会得到附送的赠品，例如手机充值卡，底下写着一行字——“防卫省情报本部制作”，又是一次植入广告式的国防宣传，它已然成为自卫队推销自己、教育民众的重要手段。不难想见，民众在买酒、买表的同时也在潜移默化地接受着爱国教育或国防教育，与正经八百的“思想政治教育”相比，这种隐性宣传更能出效果。

三、尴尬事一大堆

在“和平宪法”没有正式修改之前，自卫队仍是日本宪法约束下的武装力量，仍然不能称其为“军队”。所以在自卫队从幕后走向前台，频频“秀肌肉”并大张旗鼓走向海外的过程中，出现了很多意想不到的尴尬事，也有很多“老毛病”没有得到妥善解决。

1. 荣誉制度不给力

和战前战时旧日军不同，战后日本自卫队不实行独立的荣誉制度，而是被纳入国家统一的公民荣誉制度体系。每年秋季日本政府都会对在各行各业功勋卓著

◇ 自卫队与警察举行联合演习

的日本人进行授勋，自卫队员也位列其中，天皇也会亲自出席授勋仪式。可长期以来自卫队对于这个授勋制度却颇有微词。因为即使是军方的顶峰人员——联合参谋长，按照惯例也只能得到“勋二等”的荣誉，而与此同时其他省厅的高级官员都有机会得到“勋一等”的最高荣誉，这让自卫队感觉低人一等。在第二次安倍晋三内阁上台前，日本社会还不乏“减少自卫队授勋人员数量”的呼声。而且，让自卫队感到郁闷的是，历任美军驻日司令官都无一例外地得到了“勋一等”的至高荣誉。拥有自卫队最高职务的联合参谋长却位居外军地方指挥官之下，这令自卫队员颇为不爽。针对高级将领的荣誉制度尚且如此，基层干部和士官士兵们情何以堪？越来越频繁地走上国际舞台的自卫队干部在和外军交流时，都会对对方勋略表上的各种勋章羡慕不已，而自己制服上的勋略表只有防卫服役章等为数不多的勋章或纪念章，总觉得矮人一头，自然会产生一种非常憋屈的感觉。

还有一个所谓“亲任官”的问题也长期困扰着自卫队高官。日本的政治家和各级政府公务员实际上被分为“认证官”和“非认证官”两大类别。所谓认证官即天皇亲任的高级官员，一般仅限于内阁大臣、驻外大使等。非认证官即由首相或地方政府委任的官员。目前自卫队联合参谋长和陆海空三位参谋长并不在天皇亲任之列，这也让自卫队耿耿于怀。

2. 救灾遇窘事

第一，“不准提供热食”。在 2011 年的东日本大地震救灾过程中，陆自的野战炊事车发挥了巨大作用，一辆车在行进中能在 45 分钟内做出 200 份食物，除了烧烤类食物之外，还能烹调出任何品种的食品。在大地震时，总计投入了这种炊事车 207 台，炊事人员 2000 多名，在 87 处场所累计为 180. 7 万人免费提供食物。在寒冷的初春，灾民们能吃上热气腾腾的饭菜是一种莫大的安慰。然而就是这种“学雷锋做好事”行为居然受到一些地方政府的指责，理由是“只能吃到冷食的灾民与吃到热饭的灾民之间产生了强烈反差，这很不公平”，并以此为由要求陆自立即停止供应这种在野战炊事车上制作的可口食品。一心希望哪怕能提供一份热饭也好的陆自怎么也不会料到还会碰到这种意外，自卫队与地方政府的想法产生了强烈反差，让他们一头雾水。

原来，2 月初电视台播出了自卫队为灾民现场制作、分发免费食品的报道，人们甚至可以看见新鲜的菜肴冒着的热气。报道一出，接受市政府救助、没有享受到这一待遇的灾民们拿自己的伙食与之对比，高下立判，于是将矛头指向市政府。在当时的条件下，部分地方政府提供的伙食标准远远达不到自卫队的水平，大多是食品罐头、方便面和饼干之类的方便食品。为了平息民众不满，地方政府只能“就低不就高”，于是才有了要求陆自停止伙食供应的奇怪一幕。

第二，野战浴室违法。众所周知，日本人爱干净是出了名的，大部分人一天要洗两次澡，连防卫大学校的学员每天都有固定的洗澡时间。可是在大地震的特殊时期，很多人一周没洗过澡，这种情况要在平时是不能想象的。能满足受灾民众洗热水澡这个愿望的只有自卫队必备的野战浴室，时任救灾总指挥的东北方面总监君塚荣治中将在几天内就将全国自卫队 80% 的野战浴室紧急运抵各重灾区供民众使用。这种浴室不分性别使用，根据日期分配，单日由男性使用，双日由女性使用，它在非常时期解决了民众不能洗澡的重大问题，受到了极大欢迎。自震后一周陆自在气仙沼市设置第一个野战浴室，到自卫队撤离灾区为止，共计设置了 71 套野战浴室，使用人数累计超过 20 万人次。为了让更多民众使用，自卫队规定队员不准使用，最后自卫队员们实在熬不住了，只能到停泊于海上的护卫舰

◇ 自卫队员为灾民供水

上洗澡。然而就是这样，宫城县政府的脸色仍不太好看，多次对自卫队此举品头论足，指出自卫队的通用型野战浴室违反了《公共浴场法》关于“浴室必须安装循环式浴槽”的规定，暗示自卫队的临时澡堂存在卫生隐患。

◇ 陆上自卫队正在废墟中抢救生命

3. 有炮无弹

自卫队拥有数百个基地，但基地是没有弹药的，弹药保存在陆海空补给处约20个弹药库中。其中陆自在北海道有7处弹药库，东北、关西和九州各2处，关东1处；海自在下属的横须贺、吴市、佐世保、舞鹤和大凑5个地方舰队设有弹药整备补给处；空自的补给总部下设9个弹药补给处和领取处。一旦“有事”，人口密集的关东和关西很可能会发生问题。例如，关东地区光陆自就云集了不少部队，较大建制的有第1师团、第12旅团、第1伞兵团和第1设施装备团，而所有部队的弹药库只有群马县吉井町一处。一旦发生战事，想必这些部队很难镇定而有秩序地远赴偏远山区的弹药库领取弹药，这样会不会延误战机？这种局面绝

◇ 民众在陆自基地观摩坦克展示

非自卫队所期待的。为什么会发生这种情况？因为日本的《火药取缔法》不仅适用于民间，也适用于自卫队。

一般而言，几乎所有国家都在军事事项上制定了有别于民间的特殊规定，因为军事组织存在的目的及其任务形态是和民间迥然不同的，用同一法律同一标准管束毫无道理。可是自卫队在这方面却是一个例外。自卫队演习车辆一般都会存有弹药，可是麻烦来了，根据日本法律，存有火药的车辆是禁止进入高速公路的隧道的，于是军用车辆一般不走高速。自卫队有很多新式装备，各种新型导弹和火炮应有尽有，但这些都不在基地内，基地中只有导弹发射装置，弹药集中保管在远离基地的弹药库中。这样就导致一个问题：紧急情况下去取弹药还来得及吗？这要取决于紧急情况的严重程度。如果是一般的"治安出动"或警备行动，自卫队可以立即出动执行任务，因为步枪子弹还是有的，镇压一下国民的游行示威没问题，可如果是国与国之间的大规模武装冲突，步枪就不顶用了，自卫队只能与时间赛跑，使用各型车辆和直升机运输弹药。

之所以不让基地存放炮弹和导弹，根子还在这个《火药取缔法》。该法规定，"具有一定重量的弹药的保管场所必须与民居保持足够的安全距离"，偏偏自卫队基地的周边都被民居包围，像大口径炮弹、导弹这类弹药如果在基地保管，就

◇ 2015 年 4 月 5 日，防卫大学校开学典礼

不可能与民居保持安全距离。自卫队是遵守法律的典范，因此规定基地内一律不存放重武器的弹药。其实以前的基地都建有弹药库，但随着经济的发展，原本地处郊外的基地逐渐变成了市区的一部分，民居离基地的距离也越来越近。后来有人提出在基地建设地下弹药库，但由于花不起这个钱而作罢。照理平均每年 5 万亿日元的防卫预算是相当宽裕的，不过能够用于基地建设的经费投入却常年不足。特别是拥有 150 个基地的陆自，靠建设费运转本已捉襟见肘，何况还要改善队员的生活居住条件，建设浴室、体育馆，没有余钱也没有精力去建设地下弹药库，于是才将自卫队的弹药集中存放于偏远的山中。和陆自相比，海自和空自的基地和队员数量相对较少，经费上没有陆自那么紧张，基地建设状况自然比陆自有明

显改善。但不管怎样，“有事”时三大自卫队紧急赶往偏远山区领取弹药的事实始终存在着巨大的隐患和矛盾。

4. 付不起过路费

日本近几年的防卫预算始终保持在近4.8万亿日元的规模，按理说是非常充裕的，但这些经费绝大部分都被用于研发和采购各种新型武器装备，分配给其他事务的经费相对紧张，特别是活动经费和办公经费少得可怜。一个极端的事例就是部队演习时尽量不跑高速公路，因为付不起过路费。

一般来说，一支军队在执行公务时需要机动集结，在移动过程中所产生的费用理应由国家埋单，美军如此，我军也如此，唯有自卫队例外。在实施大规模演习时，各基地的部队必须在指定时间内集结到某演习地域，每个基地都会出动至少十几台各种大型车辆，如果走高速的话，过路费不菲，自卫队掏不起这个钱。其实也不是没钱，这个费用和坦克直升机的价格比起来简直就是九牛一毛，关键在于自卫队几乎没有什么机动的经费预算，总不能由指挥官自掏腰包吧。既然走不起高速，只能绕远路走免费的普通公路，为准时到达，队员们必须在拂晓前就出发赶时间。虽然可以省下过路费，但行进效率却低了。举例来说，如果要从大阪到富士综合演习场的话有五六百公里，公路上设有很多信号灯，为了不使后续车辆迷路，前面的车辆必须不时停下来等待后续车辆。这对于队员来说是非常辛苦的“旅程”，而且正由于不走高速，没有服务区，车队无法中途休息。好不容易到达目的地，收到的并不是解散的命令，而是准备演习的命令，辛苦才刚刚开始。也许有人会提出，如果车队在加油站补充燃料的话，队员可以稍稍休息一下。实则不然，自卫队机动时不停靠社会的加油站，而是随车携带燃料，一旦需要加油就命令车队暂停，由主管队员统一加油后就马上开拔，这个过程短得几乎没有休息的时间。因为需要大量使用油料，自卫队之前已集中大量采购，这样做的话，采购价格要比市场价便宜一些。

总之，自卫队车辆和社会车辆的待遇是一样的，甚至自由度更低，如果自卫队车辆和社会车辆相遇，社会车辆先行是必须的。自卫队车辆在高速公路行驶照样要交“买路钱”，不仅如此，社会舆论和公众还要求自卫队处处做表率，绝不搞特殊化，人们觉得只有这样才对得起他们为养自卫队交的税。当然，交过路费这事在自卫队史上也不是没有例外。1995年阪神淡路大地震时自卫队奉命“救灾出动”，因为是天灾，时间就是生命，国土交通省的公务员们破天荒地没有收费就让自卫队员通过了高速。第二次是 2011 年东日本大地震发生时，10 万自卫队员在向本州东北部集结时也获得了 16 年没有享受过的免费通行的许可。

四、自卫队的阴暗面

20 世纪 90 年代以来，随着“海外派兵”的深入，自卫队的业务呈爆炸式增长，各个部门的人员疲于奔命，加上长期以来自卫队地位不明、定位不清，造成队员精神压力空前加大。由此导致的入队人数减少、集体暴力、临阵脱逃、自杀自残、玩忽职守等“不祥事”呈持续蔓延之势，成为自卫队久治不愈的顽症。

1. 招兵难

当下的自卫队士气不振，队员普遍对前途感到迷茫。防卫大学校每年都有 10% 左右的学员因为受不了高强度训练和厌倦集体生活而退学或被淘汰，有 20% 以上的毕业学员不愿意去部队服役。自卫队佐级干部群体中始终盛行着贪图安逸、追求金钱的思潮。自卫队实行募兵制，学员加入自卫队的动机主要是把它作为跳板，学习某项技术、存点钱之后就跳槽走人，以更好地就业。所以，自卫队别说是招募高素质人才，就连一般人才都很难招到。

◇ 日本美少女组合 AKB48 明星岛崎遥香

2014 年 7 月 1 日，日本内阁通过解禁集体自卫权的决议之后，自卫队

◇ 自卫队员被上级虐待

募兵难的问题雪上加霜，因为加入自卫队就意味着有朝一日会投入战场参加战斗。为了解决兵员招募问题，自卫队驻各大城市的地方协作本部不惜使出撒手锏，耗费巨资，动员当前风靡日本的 AKB48 美少女组合在网络、电视和报纸上为自卫队代言。比如当年 7 月 1 日，AKB48 队员之一的岛崎遥香在日本某门户网站官方网页开辟专区进行招兵宣传，并录制了名为“和平的事业”的 3 分钟视频。岛崎宣称，“在这里，我们将自由地驰骋在大地，航行在海洋，翱翔在天空，只有自卫队才能让我们实现这样的梦想”，说得可谓诗情画意。实际上自卫队募兵形势已相当严峻，已到了不靠大明星宣传就招不到合格人员的地步。前几年，自卫队平均每年招募新兵和士官 1.5 万人，但 2014 年人数锐减，只有 1 万人入伍。

当然，这一现象背后有着复杂的原因和背景。首先在于经济形势的影响。一般而言，经济低迷期入队人数会增加，经济繁荣期人数减少。安倍晋三首相推出的“安倍经济学”通过日元超级量化宽松政策，相当程度上刺激了日本的出口，使得各大企业利润和用人需求都得以增加，从业人员收入也相应提高。既然在地方企业能够找到不错的工作，大部分人就不会考虑进入自卫队。其次，适龄青年人数大幅减少，少子化倾向也影响了队员招募。

2. 刑事犯罪高发

“看上去很美”的招兵宣传并没有涉及自卫队职责任务和兵营生活的内容。很多青年被类似广告所吸引而加入自卫队后，才发现真正的生活远非明星宣传的那样“高大上”，甚至有一种上当受骗的感觉。近几年来，自卫队“不祥事”频发，犯罪、泄密、贪腐等恶性事件层出不穷，令自卫队陷入泥潭。

防卫省于 2014 年 9 月公布了一起虐待下属事件，海自横须贺地区舰队司令部一等海曹（相当于海军上士）后藤光一多次殴打一名三等海曹（相当于海军下士），并命其“滚出自卫队”，“回到乡下去”，还强迫其双手拎着装满水的水桶站立不动。此事披露后，后藤被警务队逮捕。随着恶性事件屡见报端，一些长期被压抑的自卫队员开始向媒体求助，坦陈自己的痛苦遭遇，由此，自卫队这一封闭组织的阴暗面日益为民众所了解。

2008 年，在海自的特别警备队这支特种部队里，一名因难以忍受残酷训练而离队的 25 岁士兵相继跟 15 名“战友”进行“格斗训练”后死亡。事发后海自给

◇ 防大第八任校长五百旗头真访问中国军校时题词“敬天爱人”（右二为笔者）

◇ 防卫大学校新生宣誓

受害人家属的解释是“本想为他饯行的”，而死亡的队员居然被作为“因公殉职”处理。可见，特种部队把集体暴力叫作“训练”，把杀鸡给猴看的警告称作“饯行”。2007 年，海自第一护卫队群一名海曹将包括“宙斯盾”护卫舰雷达参数在内的大量机密情报带回家，这一事件令防卫省大为恼火，因为像士官级别的人员根本不应该有资格和机会接触如此机密的情报；无独有偶，一名一等陆尉（相当于上尉）将约 14 万名陆自人员的个人信息以 100 万日元的低价卖给了某房地产商，造成自卫队史上最大规模的队员信息泄密案。尽管其所在单位负责人一再强调泄露的信息密级不高，但此事无疑暴露了自卫队管理不善的问题。

从 2007 年至今，海自发生了好几起玩忽职守导致的事故，比如，某快艇炮击了一处岸上民居，用多管联装炮将居民的房顶掀翻。调查结果竟然是因为炮手一时手痒，没看炮膛里有没有炮弹就瞄着玩。最严重的一起事故是 2009 年 2 月“爱宕号”“宙斯盾”护卫舰和本国渔船相撞，造成两名渔民失踪。有人称该舰发现渔船的时间是撞击前 12 分钟，而舰上官兵却视若无睹，仍以自动操作的方式直线前进。当天的《朝日新闻》指出，“如此庞大的身躯不该无视周围还有民间船只，

◇ 防卫医科大学开学典礼

如此昂贵的‘盾牌’本该守护国民的安全，却给同胞带来了灾祸”。

3.“象牙塔”出了问题

拙著《日本自卫队》曾谈到防大办学育人模式的形成和教育训练的特点，介绍的内容以正面为主，不过毋庸讳言，这所“东方西点”光鲜的背后也是暗流涌动，甚至危机四伏。第一任校长槇智雄在任时曾为防大学员提出了“不仅要造就绅士淑女，还要培育高尚的武士”的“高大上”目标，但从实际效果来看，不得不说这一目标不切实际。

首先，繁重的课程学习和大运动量的军事训练之间的矛盾始终无法得到妥善解决（当然，这是各国军校面临的共同难题），导致大部分学员在白天正课时间公然睡觉，“抬头率”极低。久而久之，很多学员因厌学而主动退学或被动淘汰。以防大2013届毕业生为例，当年仅有388人顺利毕业，而当初入学的学员有494人，也就是说有106人因各种原因中途退学，退学率达到21.5%。而更令人震惊的是，根据最新统计，2014年仅有350人毕业，中途退学者达到史无前例的150人，占到当初入学者人数的三成！把这一现象说成退学潮恐怕也不为过。在防卫大学2015年3月472名毕业的学生中，有25人拒绝加入自卫队。毕业生不愿成为自卫官的原因，除了担心奔赴战场成为战争牺牲品之外，还有一部分人觉得到大企业工作的待遇要比当自卫官好。为了刹住这股退学潮、防止毕业生脱离自卫队，防卫省从2014年起实施了一项处罚措施，只要毕业生在6年内离队，必须缴纳4年学费，总共约250万日元。

最为匪夷所思的是这所日本唯一的自卫队干部学校内居然诈骗横行，多次发生学员骗取保险金的事件。根据日本相关法令，只要自卫队员在训练中受伤，即可申请保险金赔付。学员一经防大录取，就自动加入由学校统一办理的保险体系。而保险公司很多管理岗位都由自卫队退役的干部占据，对保险申请的审查非常宽松，这让部分学员觉得有空子可钻，于是3名大四学员和2名大三学员便打起了骗保的主意。根据2013年9月防卫省通报，这5名学员以训练受伤为由，每人骗

◇ 防大组织学生集体参拜靖国神社

取50万至80万日元不等的保险金，其中一部分已被挥霍而无法追回，这5名学员被勒令退学。其中3人来自校内的橄榄球俱乐部，他们以剧烈运动受伤为名大量伪造诊断记录，从而得逞。

这次学员骗保事件并非个案。日本媒体2014年4月曝料称，2010年至2013年，有18名防大在读学员累计79次骗取保险金690万日元，此事公之于众后，舆论哗然。《每日新闻》指出，“防大所谓的绅士淑女早已不在，连武勇之士都难以找寻，有的只是拜金主义者。如果一些漏网之鱼将来成为自卫队高级干部，很难想象这种人如何能对全国部队进行正确的指挥和领导”。

此外，防大校园暴力蔓延。高年级学员对低年级学员的集体暴力成为当前防大校园不断滋生而难以根治的毒瘤，有些已构成犯罪。2013年6月，某一年级学员被同寝室高年级学员强迫脱去上衣，用打火机灼烧其腹部体毛，导致其腹部烧伤而入院治疗三周。此后高年级学员对其实施的欺凌和暴力行为不仅未有丝毫收敛，反而愈演愈烈。2014年5月，高年级学员8人以该学员“五一”黄金周“归队迟到”为由对其进行长时间殴打，此后又有多次对其施以集体暴力。长期的肉体和精神折磨导致这名同学产生了严重精神障碍，体重锐减30斤，不得不中途退学。“防卫大学校改革研讨委员会”的分析报告指出，校园暴力一般以高年级（特别是四年级）学员为主导，近年来四年级学员肇事者与日俱增。

◇ 防大校徽

为靠拢部队，防大实行高年级学员支配低年级学员的领导管理制度，将所有学员进行混编，形成金字塔状结构，由30人组成一个小队（相当于排）、100人组成一个中队（相当于连）、500人组成一个大队（相当于营），全体学员组成学员总队。而学员寝室则构成防大最小的学员管理单位，寝室一般由8人入住，由1至2名大四学员担任室长和副室长，其他不同年级的6名同学须无条件接受其管理。这一制度成为寝室暴力滋生的土壤。高年级学员动辄对低年级同学施以做50个俯卧撑或倒立的处罚。实行军事化管理的封闭校园环境隔绝了学员与社会的接触，容易使身在其中的管理者形成头脑僵化、泯灭理性的偏执人格，从而妄自尊大并对暴力行为熟视无睹，而被管理者也极易形成盲目服从的意识。防大始终流传着这样几句话："大一学员垃圾不如，大二学员形同奴隶，大三学员方能体验做人滋味，大四学员则为人上人"，生动概括反映了防大学员所面临的生态现实。低年级学员就是在这种必须对大四学员绝对服从的管教之下度过 4 年学习训练生涯，进而走上干部岗位的。

4. 黑心"国企"

26 岁的现役空自士官在给民间组织"自卫队人权委员会"的信中写道："在自卫队无法建立起良好的人际关系，这一直困扰着我。像我们这样的年轻人的生活范围只能局限在基地之内，让人感到非常压抑，而且自己的隐私和个人空间得不到保障。对上司的指令我们只能无条件服从，久而久之，我们都变成了不会思考的人，四肢发达头脑简单的人，像我们这样的人退役后也很难胜任地方公司的工作。"激烈的竞争也给队员造成了巨大压力，22 岁的陆自士官表示，队员们无法根据自己的愿望选择岗位，而且在年度考核和晋升时也面临很大竞争压力，如果在 7 年内升不到上一级职务，就必须退出陆自。

◇ 海自女兵

◇ 前防卫大臣江渡聪德在“慰灵碑”前为殉职队员献花

不仅是士兵和士官，连干部都对自卫队体制怨声载道。今年 34 岁、已服役 15 年的陆上参谋部参谋坦言：“除了干部的名分和肩章，我们的职业实在没有值得自豪之处，我的职业生涯到 52、53 岁就到头了，必须从现在起就考虑人生规划。到了退役的年龄再去找工作，实在缺乏竞争力。环境封闭、无视人权、没有工会、管理粗暴，这些都是自卫队这个黑心国企独有的问题。我们经常被要求效忠于自卫队这个组织，一想到还要在这里干 20 年，我就不寒而栗。一些高级干部素质低下，很多人下班后常常出入于风俗店（即色情场所），还沉迷于‘扒金库’之类的赌博。”“我觉得这样的组织崩溃已为期不远，我已下定决心尽早逃离自卫队，去经营我父亲开的咖啡店，希望年轻人不要到自卫队服役，因为这里人心涣散、工作压抑，不是青年理想的工作场所。我至今后悔加入自卫队。”

不仅如此，自卫队训练导致的伤亡率之高也令人震惊。据统计，自卫队平时的训练致死事故是消防部门的 5 倍、警察部门的 7 倍。以 2004 年至 2014 年的数据为例，自卫队发生 62 起队员“教育训练”期间死亡事故，而相同时期警察部门只有 9 起，消防部门为 12 起。具体而言，这些事故中的 47 起发生在陆自，

9起在海自，6起在空自。其中海自的潜水训练和空自的飞行训练是高危训练课目，容易引发伤亡，而陆自训练致死事故的半数集中在所谓的“长途奔袭”训练中。比如2013年7月，第5工兵团一名一等陆尉（相当于陆军上尉）在全副武装的长途奔袭训练中突然倒地昏迷，随即死亡。有一点可以肯定，与消防和警察部门相比，自卫队明显缺乏抢救意识和必要的抢救措施，指挥官的医疗常识普遍匮乏。在发生意外情况时，指挥官首先想到的不是怎么救人，而是打完求救电话后就放任不管。重视作战而忽视后勤建设、重视训练而忽视医疗保障，这正是自卫队从旧日军那里继承的“遗产”。

在东京防卫省大院内坐落着一处特别的处所——慰灵碑，专门用于纪念战后因公殉职的自卫队员。每年防卫省都会邀请殉职人员遗属到此地参加纪念仪式。2013年，慰灵碑前增加了9副灵牌（陆自5副、海自3副、防卫医科大学1副）。从自卫队创建以来，一共有1840人殉职，其中陆自1010人、海自402人、空自403人、文职人员25人，每年平均有31人殉职，最多的一年为40人。从这一数据来看，最近几年殉职者数量在减少。在自卫队员、警察和消防员三类职业的人群中，消防员显然是危险性最大的职业，但殉职比例却很低，而高殉职比例的自卫队员殉职的主要原因在于轻视人命的训练和暴力，这些都是人为造成的。

第三章 精兵卫国

一、陆自改造计划

自1950年“警察预备队”成立至今，经过60多年的发展，陆自已发展成为一支现代化的、能够遂行常规作战任务的军事力量。尽管其仍然宣称自身的任务在于维护日本与世界的和平，号称“守势武装”，但随着安倍内阁防卫新战略的推行，其能否切实遵循宪法，不再成为亚洲人民的心腹之患，需拭目以待。

1.“本土决战”构想的幻灭

对于由众多岛屿构成的海岛国家来说，两栖作战能力对国防领域的重要性不言而喻，对于日本而言，它构成了国土防御的关键能力，不过目前这个国家尚不具备有效的两栖作战能力，而且海自对于两栖作战的支撑支援能力也明显不足。

在西方国家中，所有海岛国家或诸如美国等疑似海岛国家无不拥有一支强大而高效的海军陆战队，而为什么偏偏日本这个名副其实的岛国没有建成一支海军陆战队呢？这与陆自创建的初衷密切相关。陆自诞生之时适逢冷战初期，较之今日，这个刚刚脱离军事占领状态的国家所组建的自卫队对美军的附属性要强得多。整个冷战时期陆自的职能任务就是严格根据美国军事战略的“剧本”来构建的。朝鲜战争结束后，苏军成为西方国家唯一的军事威胁，日本列岛重要的地理位置成为阻止苏联进出太平洋的最前沿屏障和“不沉的航空母舰”。

◇ 陆上幕僚长岩田清文上将

先来看美国“导演”为陆自量身拟制的战争“剧本”：苏军大规模入侵日本，企图从北海道登陆上岸后，其坦克集群在日本列岛从北向南一路开进。从当时的武器装备水平来看，美军的研判还是比较客观的。对此美军对应措施为陆自做出如下“规定动作”：首先，陆自以坦克师和自行火炮正面抵抗进入北海道北部原野地带的苏军登陆部队，美国人充分相信陆自的抵抗能力，因为他们没有忘记太平洋战争后期硫磺岛战役、冲绳战役中日本陆军守备部队战至最后一人的“玉碎”精神给美军造成的巨大痛苦。随后陆自预备队和空自战机在第一时间赶赴一线增援，进行坚决彻底的抵抗。在陆自竭尽全力抗击苏军的同时，美海军太平洋舰队航母机动部队出现在北海道沿海，海军战斗机和攻击机对苏军发起反击。美海军水面舰队和潜艇切断了苏军从苏联太平洋沿岸各州和库页岛至北海道的补给线，同时美海军陆战队登陆北海道，进攻苏军侧翼和后方，切断其退路，与在北海道陷于苦战的陆自部队共同夹击苏军，使其腹背受敌，最后将其歼灭。直到 2014 年以前，陆自作战构想秉承的仍然是美军描绘的这套“剧本”，这从陆自的主力装备和力量组成中可以得知。北海道长期部署着陆自两个师和两个旅，主要目的就是防范苏联和俄罗斯大规模入侵。其中自卫队唯一的装甲集群第 7 师作为预备队配置在纵深地带，该师列装了 150 辆先进的 10 式和 90 式坦克，而第 2 师作为“炮灰部队”配置在一线，该师也保有大量坦克和自行火炮。

很多对陆自历史背景一无所知的外国访日军官在看到 10 式坦克后，都会问同样的问题：“这么多 10 式坦克是要赴伊拉克维和吗？还是去阿富汗反恐？”这个问题非常耐人寻味，因为在美国、英国、澳大利亚等国陆军军官的观念中，保有大量坦克并非为了在本国境内作战，而是作为联合国军或北约军队的一员赴海外作战，这早已成为常识。而日本是个特例，即使在冷战终结后的20年间，陆自仍然秉承“与苏军激战并等待美军来援”的战略方针，要拖住强大的苏军，大量坦克和重炮当然不可或缺，这也是其他西方国家军官无法理解的地方。

陆自很多高层人士指出，正是因为抱着专守防卫战略不放，才导致自卫队对美军产生“能力依赖”，比如两栖作战能力由美军提供，陆自和海自不再编练专职部队。陆自没有跟上西方国家陆军陆战队化的潮流，从这个意义上而言，海洋国家日本的陆上力量仍是一支大陆型陆军。比如陆自在新兵招募广告上通常会宣称陆自“是遏制强敌进攻，保护国民生命财产的最后屏障”，将陆自定义为守门员的角色。不过大陆型陆军思想之所以在陆自根深蒂固，除了美军的要求之外，也深受战败前“本土决战”思想这一“传统”的影响。

◇ 陆自 OH-1 武装侦察直升机

如前所述，防御苏联入侵始终是陆自在冷战期间奉行的战略方针。整个冷战时期，陆自作为远东美军的辅助部队，其主要职能是弥补远东美军战略体制中的不足之处，这一时期的陆自保持着对苏联远东驻军单纯而密切的注意力。1957年6月14日，防卫厅颁布的《第一次防卫力整备三年计划（1958—1961）》（以下简称《一次防》）的主要内容中，就规定应建设以陆自为主的“专守防卫”力量，

◇ 第 14 旅团开展战场救护训练

◇ 在自卫队三军中，陆自面临的裁员压力最大

而不应重点发展海空力量。

在战后防卫厅制定的历次军备建设计划中，陆自都处于优先发展地位，与海空自卫队相比，陆自发展态势总体上更快。1955年陆自员额增加了3万人，当年12月1日又新编西部方面队和第7、第8混成团，次年4月再一次增加了2万人的员额。1960年，自卫队新设东北、东部、中部方面队，形成五大方面队体制。在上世纪50年代末60年代初的《一次防》中，陆自的编制兵员为17万人，辖6个管区队（相当于过去的师团）、1个机械化混成团，还有特科团（炮兵团）等部队。经1962年1月18日和8月15日两次改编之后，陆自形成13个师团的编制。之后陆自逐步装备防空导弹、岸对舰导弹等新式武器，随着日本防卫产业的恢复和进步，其武器装备陆续实现国产化，逐步向“自主防卫”方向发展。

1961年7月初，《第二次防卫力建设计划（1962—1967）》（以下简称《二次防》）被批准，其主要内容为更新目前自卫队所拥有的武器、车辆、舰艇等装备，

◇ 陆自74式主战坦克成编队行进

◇ 2015 年富士综合火力演习现场

认为现行列装的二战“垃圾装备”已经过时，应逐步由先进的国产新式武器来替代。当时就有很多人指出，实现装备现代化的真正目标是以导弹国产化为中心，计划在东京、大阪与北九州各设置一个大队。因导弹与火箭的研究试验属国家机密，政府当局与有关企业都避免将其公之于众，但人们还是获悉陆自正在研制与装备多种地对空导弹的事实。到了《第三次防卫力建设计划（1968—1972）》（以下简称《三次防》）期间，陆自装备大中型直升飞机 83 架、装甲运输车 160 辆，更换了 280 辆老式坦克，新装备反坦克导弹、高射机关炮、大型雪地车，新编一个特别空运机动联队等。《三次防》执行之后，陆自部署了直升机空运部队，驻守北海道的装甲师团具备了每小时 40 公里的机动能力。

1972 年 10 月，《第四次防卫力建设计划（1973—1976）》（以下简称《四次防》）才由内阁批准。《四次防》是关于 1972 年至 1976 年的五年防卫力建设计划，主要内容是给陆海空自卫队充实新型装备，经费总额为 4.6 万亿日元，加上增加队员的工资部分，经费总计达到 5.1 万亿日元。其中提出陆自应确立 18 万人的编制，主要目标是增强战斗力与机动力。为此，需要采购 280 辆坦克（其中 160 辆为“七四式”新型坦克）、170 辆装甲车、90 多辆自行火炮、154 架直升机以及 159 架其他

◇ 新一轮调整，陆自坦克数量将大幅削减

飞机，还计划增设 3 个大队的地对空导弹部队。

然而事与愿违，1973 年 10 月爆发了第四次中东战争，沙特阿拉伯等海湾六国宣布减少石油出口，大幅度提高油价。这一石油战略使半数以上的能源依靠海湾石油的日本经济遭到意想不到的打击。日本政府不得不将 1973 年的年度进口预算增加24.6%，石油危机与物价暴涨也给自卫队军备建设带来巨大负面影响。《四次防》期间各种装备造价相继上升，比如坦克、战斗机、护卫舰等大型装备的订单价格无法为制造商所接受，难以按预定计划完成配备。防卫厅长官中山利贞于 1974 年 5 月在众议院内阁委员会上表示："作为愿望，当然想完成《四次防计划》，但不知客观形势能否允许。"言语之间流露出失望情绪。在这一形势下，因受物价上涨和政府控制总需求政策的影响，后来实际上又追加了 1 万亿日元，但仍有许多项目没有完成。

整个 80 年代，日本最重要的战略是防备苏联，并以阻止敌人大规模登陆为主要目的。北海道集中部署了陆自的重装部队。1986 年到 1990 年，陆自新采购坦克 246 辆、自行火炮 277 辆、各型装甲车 310 辆、地对舰导弹 54 枚，反坦克和运输直升机 70 架。

90 年代初冷战的结束使日本认为未来的防卫目标主要是对付地区性冲突和危机事件，强调新的防卫战略应在坚持日美“联合防卫”的同时，逐步转向“自主防卫”。陆自的作战思想也由在本土内陆作战转向配合海自和空自进行滩头歼敌，基于周边环境的变化，特别是为了应对朝鲜半岛局势的变化，日本已不再只强调来自俄罗斯的北方威胁，“北向防守”的日本军事战略思想悄然转变为“西向戒备”。与此相适应，陆上自卫队军力由“重点部署”改为“均衡部署”，均匀分布在北、西、中三个方向，西部地区的兵力明显增强。由此，装备大量坦克和重炮的陆自等待了 60 年的“本土决战”最终化为泡影。

2. 陆自的“陆战队化”转型

当前陆自各方面队的防区与二战末期大本营为实施本土决战拟制的“决号作战”所划分的战区几乎完全一致。在和平时期，陆自将 8 个师团和 6 个旅团均衡地部署于日本内陆各处山脉、河流和海峡等战略要地，另以 1 个装甲师团（第 7 师团）为战略预备队。

北部方面队防区为北海道全境，是当前陆自实力最强大的方面队，总监部驻

◇ 美军关岛航空基地

◇ 陆自伞兵团进行空投训练

◇ 日本新一轮军力建设中，具有军力投送能力的装备相当有限

札幌，下辖作战部队第 2、第 7 师团和第 5、第 11 旅团。作战支援部队有 1 个炮兵团、1 个地对空导弹中队和 1 个航空队。东北方面队防区为津轻海峡中线以南、福岛县和山形县以北地区，总监部驻仙台，下辖作战部队第 6、第 9 师团，作战支援部队有 1 个岸舰导弹团、1 个炮兵群、1 个防空导弹中队、1 个航空队及其他勤务部队。该方面队防御面积较大，地面多山多林地，易于防守，但部队机动不便。其所辖的 2 个师团自成立至今未见大的动作。在战时，这两个师团离开方面队防区作战的可能性不大，在未来战争中其作用可能更接近于守备部队。

◇ 陆自开展的两栖作战训练

◇ 两栖作战团装备的 AAV-7 两栖战斗车

东部方面队防区在静冈、长野以北，负责首都圈防务，总监部位于东京都朝霞基地，下辖作战部队第 1 师团和第 12 旅团，作战支援部队有 1 个岸舰导弹团、1 个防空导弹中队、2 个直升机中队以及工程团、通信团等支援和补给部队。由于地理位置的缘故，这一方面队和中部方面队的部分部队，基本上可以视为陆自的机动打击力量。

◇ 以上两图为编练中的两栖作战部队开展远洋投送能力训练

中部方面队防区包括首都圈以西以南至关门海峡中线以北地区，总监部驻伊丹，下辖作战部队第3、第10师团和第13、14旅团，作战支援部队有1个防空导弹中队，1个航空队以及其他附属部队。考虑到日本没有自己的海军陆战队，估计在战时这两个旅团会成为临时执行两栖任务时最先使用的部队，而由第3、第10师团执行本方面队管辖地域的守备工作。西部方面队负责九州及冲绳地区防务，总监部驻熊本，下辖第4、第8师团和第15旅团。

自卫队批评人士指出，如果不改变固有的军事战略和作战部署，陆自将被时代边缘化。2006年5月日美安保委员会达成一项旨在减轻冲绳县政府财政负担的协议，将在今后若干年内把驻留冲绳的美海军陆战队转移至关岛基地。在日美联合作战想定中，这支部队将从海岸登陆，从侧后方攻击深入日本本土之敌。移驻关岛后，陆自或将失去美海军陆战队的保护，于是，由自卫队独立生成两栖作战能力成为迫在眉睫的任务。在自卫队联合参谋部管理层看来，除了美国之外，当

◇ 第 7 师团部队实施机动演习

前和未来没有哪个国家有实施大规模两栖战进攻其本土的能力，但是并不能完全排除遭受小规模登陆部队攻占外岛的可能，这种局部的小规模的两栖战可能以琉球群岛到先岛群岛之间的岛屿为对象。一旦面临这样的局面，须迅速指派专职部队逆袭上陆，将岛屿夺回并击溃敌人，为此必须尽快生成两栖作战能力。

对于自然灾害频发的日本来说，拥有两栖作战能力还有另一层意义，就是便于从海上登陆实施救灾。天灾降临时，灾区周边的港湾和机场很可能遭到损毁，而陆路交通也会断绝，部队从陆上开进救援将遇巨大阻碍，而日本列岛纵深狭窄，从海上登陆救援更为迅捷。搭载陆自救灾队员的海自大型运输舰甚至强袭登陆舰将开至临近灾区的沿海并作为临时据点，通过直升机、两栖车辆和各型登陆艇将队员投送上岸。运用两栖战部队实施救灾的优势在东日本大地震救援过程中已经充分显现（详见 2014 年陕西人民出版社出版的《日本自卫队》）。

使陆自拥有快速反应能力或将其打造成更具陆战队性质的部队，是其未来转型的方向。安倍上台后制定的《2014 年以后的防卫计划大纲》（以下简称《13 大纲》）明确指示陆自聚焦实现岛屿夺还和巩固的目标而生成两栖作战能力，并要求“调整师、旅作战定位”。为此防卫省计划从 2015 年起的 10 年之内，将部分部队改编为由 3 个机动师、4 个机动旅、1 个装甲师、1 个两栖作战团、1 个伞兵团和1个武装直升机团构成的“机动部队”，以适应快反作战态势。2015年首先对第6师团（驻山形县东根市）、第8师团（驻九州熊本市）、第11旅团（驻北海道札幌市）和第14旅团（驻香川县善通寺市）实施改组。从上述部署不难看出，除东部方面队外，各方面队都将改组1支机动部队。上述部队将列装八轮高速奔驰型的机动装甲战斗车，如西南地域有防卫必要，北海道、本州的机动部队及其机动战斗车将构成紧随两栖战车团的第二线作战部队，由空自C2新型运输机快速投送至作战区域。

在陆自编制体制调整完成后，日本期待西南区域沿岸监视队和国境警备队的创建能够于和平时期构筑常态化警戒监视机制，同时期待战时在一元化指挥下，陆上总队将按照两栖作战团、直属快反机动部队、机动师团·旅团的次序依次出动，从而促进陆自整体“陆战队化”。

3. 陆自精英部队探微

夺岛“种子”部队——“两栖作战团”

陆自西部方面普通科联队是赫赫有名的夺岛“种子”部队，2018年前将改编为具备两栖作战能力的两栖作战团（日本称“水陆机动团”）。2002年，西部方面队在九州范围内招募游泳高手，创设了在该方面队编成内设置了一支特殊的步兵联队，不过成立当初就有异议，有人认为这支部队的实际作用是海上警察的延伸，因为警察不能使用重武器，而这支部队可以使用自动步枪、机关枪等重武器，这样开始时是被称为加强版的海上警察部队。但是随着日本与周边各国的海上权益争端，日本政府在《13大纲》中明确规定，要在陆自内设立“水陆机动团”，目的是在“敌人”入侵己方岛屿时，可以迅速登岛并夺回。

建立这支部队的目的旨在应对岛屿争端，组建之初其任务是岛屿的专守防卫。现正在被打造成为岛屿争夺战的主力军，主要任务就是秘密潜入敌方阵地进行情报收集、偷袭侦察、实施抢滩登陆、进行火力支援等，因为现在人数不多，不能像美国的海军陆战队一样作为战场的主力攻坚，但是因为接受的是特殊训练，堪称海军陆战队的简化版。

从陆自公开的资料来看，该部队官兵能够负重装备在海中游泳，从动作以及行动看，是一支具有特殊能力的部队。并且他们的服装（包括衣服和鞋子）都不是一般陆自队员的装备，而是针对海滩以及岩石地貌设计的特制衣服与鞋子，在

◇ “警察预备队”队员进行火箭筒射击训练

长期训练中不难看出队员普遍具备特殊技能，能够在离海岸10公里的海面用橡皮冲锋舟登陆。

这支部队参照美国的海军陆战队标准建立，要求具有“最强大的打击能力”。自卫队认为突击上陆是登陆战斗中最关键、最激烈的阶段，也是火力运用最复杂、最频繁的时刻。自卫队十分注重两栖登陆部队作战能力建设，要求以最大限度发挥火力打击效能为目标，确保“上得去、站得稳”。虽然根据《13大纲》的要求，这支部队要到2018年才正式建立，但是实际上该部队已经存在。该团由3个营级规模的专业两栖战斗部队和1个战斗支援营构成，编制总兵力约3000人。当前该团司令机关已组建，但实战部队仅有第1营编练成军，该营由原西部方面队步兵团为基干组建而成，驻长崎县佐世保市，人数600人。第2、第3营兵力700—900人不等，拟从驻北海道的富余人员和装备转移而来，最晚于2018年底前编练成军。目前该团已拥有30辆美制AAV7型水陆两栖战斗车，同时采购了5架“鱼鹰”倾转旋翼多功能机，正在研究演练两栖战斗车与“鱼鹰”实施联合作战的可行性。

陆自“虎子部队”：第7装甲师团

当今的陆自第7师团一贯被军界公认为是陆自战斗力最强的部队。作为陆自唯一的机甲（装甲）师团和战略预备队，其具体实力却较少为公众所知。

目前该师团隶属于陆自北部方面队，司令部设置于北海道千岁市的东千岁驻屯地。主要负责胆振和日高两个方向的防卫警戒，同时担负国内灾害救援以及国际人道主义援助任务。作为目前陆自唯一的机甲师团，第7师团被视为战略预备队，在战时，其以3个重型坦克联队为核心的机动打击力量不可小觑。

自1954年陆自成立以来，防卫厅就积极着手各部队的组建工作，新的第7师团在这一过程中孕育而生。当时的防卫厅于1955年编制了第7混成团，隶属于北部方面队，驻防北海道真驹内驻屯地，时任团长为助川弘道少将。1956年10月该混成团在驻地举行了陆自自组建以来的第一次防空演习。时值冷战紧张期，为了防备苏联的突然进攻，1962年8月15日，防卫厅指令该师团移驻东千岁驻屯地，负责中东部北海道防卫，在对其进行装甲化改造的同时，正式升格为第7师团，第一任师团长为太田庄次中将。该师团的作战部队下辖第71、72、73坦克联队，第7机械化步兵联队、第7特种兵联队、第7炮兵联队以及第7高射特科联队。作战支援部队包括第7后方支援联队、第7通信大队、工程兵大队、化学防护队，以及第7侦察队、音乐队等附属部队，成立至今这一编制体制基本未变。

当时自卫队的作战构想是以北海道为主要防御方向，以精锐部队阻止或遏制苏军的进攻。在战役中，第7装甲师团被作为预备队使用，当敌人从北海道地区登陆入侵时，即可命令该师团迅速赶往登陆地区，对敌登陆部队实施阻击，并歼灭敌配合登陆行动的空降部队；而敌人一旦在北海道以外的其他地区登陆进攻，则可利用该师在快速机动能力方面的优势，迅速部署到敌登陆地区，歼灭进攻之敌。

尽管近几年来自北方的安全压力已大大减小，但日本政府并没有因此让第7师团刀枪入库，相反，这支装甲部队进入了其历史上发展最快的时期，不断得到特殊优待，一跃而成为陆自的“老大”。虽然今后陆自仍将把第7师团配置北海道地区，不过这并不完全是出于防范俄罗斯的考虑。曾有自卫队高级参谋人员一语道破：“北海道的丘陵和平原与朝鲜半岛和中国的东北、华北很相似，很适合实地训练，一旦有事，在此处的演习将成为宝贵的经验。”换句话说，第7师团在战时将主要执行机动攻击任务，甚至有可能进行境外作战。未来一旦中日“有事”，这支部队有可能成为周边国家的劲敌。

就武器装备而论，第7师团超过了许多国家的重装师。第7师团编制员额目前仅为7700人，而美军第1装甲师编制员额近1.7万人，俄罗斯的坦克师编有1.2万人。与美俄等主要军事强国的装甲部队相比，日本的装甲师编制规模的确比较小，但由于装备精良，作战能力毫不逊色。该师团具有很高的合成程度。每个坦克联队下辖5个坦克中队，高炮联队下辖4个高射炮中队和2个防空导弹中队。这种

◇ 10 式坦克火力齐射

◇ 10 式坦克在富士综合火力演习上进行火力展示

◇ 图为中央快速反应团队员列装的便携式地对空导弹

编制，行动起来比俄美装甲部队更具灵活特点，更能适应现代战争的要求。第7师团的3个坦克联队均装备坦克92辆，全师团坦克装备总数从成立之初的60辆猛增到了2010年的276辆。其中，性能先进的10式和90式坦克基本上都配备给了这个师团，足足装备了170辆，仅这一项开支就高达15亿美元。

另外，其步兵联队的6个中队共装备了108辆装甲车，其中最新型的89式战斗车已装备了65辆。该型战车最高时速70公里，其中除驾驶员、炮手外，还载有7名战斗员。其拥有的1门35毫米炮和2部79式反坦克反登陆舰导弹发射装置，使89式战斗车具备了击中敌直升机的能力。不仅如此，第7师团的炮兵联队还装备了99式155毫米自行榴弹炮，射程可达30公里，每分钟可发射18发炮弹，威力巨大。从第7师团装备的数量、性能以及综合作战能力看，该师团的确可以称得上陆自的“翘楚”。

日本版特战部队——中央快速反应团

中央快速反应团是2007年组建的陆上幕僚监部直属部队——中央快速反应集团的主战部队之一。该部队参照美陆军第75突击团而组建，是一支快速部署的轻步兵部队，能够通过机降或空降方式迅速前出至指定区域执行突击或特种作战任务。就编制而言，中央快速反应团兵力仅800人，下辖团部、团部直属连和3个步兵连。只有服役3年以上的士官才有资格申请加入该团。

为满足快速反应的任务需求，中央快速反应团在装备上大量引进轻装甲机动车和轮式装甲车，还有仿照美军悍马车改良的高速机动车和大型战术卡车，各类轮式装甲车辆中央快速反应团共有100辆以上，足以一次载运全团官兵和物资进行机动。中央快速反应团经常进行不同场景的实弹射击演练以及与其他部队协同演练，还经常前往美国进行反坦克导弹射击训练。由于频繁的实弹射击训练，其弹药消耗量高居同级部队之首。在单兵装备方面，中央快速反应团官兵配备89式自动步枪，而且所有队员都配有手枪，和过去只有干部才佩手枪的惯例不同，从实际作战来看，手枪不仅是战场上最后的自卫武器，而且在城市巷战或是人质解救行动中，手枪都是重要的个人武器。此外，每个步兵连都有一个狙击班，配备美制M24狙击步枪，而且这些步枪也都施以迷彩涂装。虽然自卫队向来禁止对枪械进行改装，但中央快速反应团能够全面使用迷彩狙击步枪，则是完全基于任务需求。

在服装方面，中央快速反应团从2009年就换装了与美军ACU战斗服相似的陆自新型迷彩战斗服。该战斗服最大的特点是将原本位于上衣下摆的口袋改到上臂处，使身穿战术背心的官兵能够更方便地放置杂物。这种战斗服也非制式服装，是按照部队任务需求配发，从这点不难看出自卫队高层赋予了其极大的弹性空间，能够按自己的任务需求定制装备，该部队在自卫队中的地位由此可见。

为满足快速反应和机动作战需求，自卫队高层可以将中央快速反应团的驻地

◇ 中央快速反应团迫击炮阵地

安排在靠近军用机场的宇都宫基地。必要时可以直接由空自的各型运输机进行空运，另外在机场附近还有第 1 直升机团待命，使中央快速反应团具备快速机降能力。虽然空自空运能力有限，但是中央快速反应团在必要时可向驻日美军寻求支援，美军可派出 C-17 重型运输机进行洲际远程运输。最近中央快速反应团正在接受 MV-22“鱼鹰”倾转旋翼机的搭乘训练，该机型的巡航速度和作战半径接近空自的 C-130 战术运输机，还能够垂直起降，且机舱容量充足，120 毫米迫击炮和重型反坦克导弹也能够在第一时间运抵战场。

中央快速反应团在作战想定上是快速反应和打击，虽然第 1 空降团和特战群也能执行类似任务，但是在续战能力和战术弹性上逊色于中央快速反应团。当然，就特战渗透能力而言，中央快速反应团比不上自卫队的几个老牌特战部队，如长期训练冬季游击作战的冬季战术教育队和西部方面队步兵联队，但是中央快速反应团所具备的快速反应能力和打击火力都是上述部队远远不及的。

二、帝国海军的后裔

日本是一个传统的海洋国家，对发展海军有着成熟的经验，有着“成也海军，败也海军”的说法。自明治维新开始，日本就一直重视海军的建设和发展。到第一次世界大战结束，日本就迅速发展成为仅次于美国、英国而位居世界第三的海军强国。日本对外发动的侵略战争都离不开海军，海军既是先锋，又是主力。日本通过海军在战争中掠夺了巨额的战争赔款和广大殖民地，海军成了“推动日本发展的第一实力主体”；当海军遭到失败时，日本也就濒临最后崩溃的边缘了。作为岛国的日本的命运是和海军的命运紧紧联系在一起的，战前的日本历史也反映了这个事实。

1. 海自悄然“出航”

1960 年修订的《日美安保条约》增加了“远东条款”，明确规定日美同盟将保护日本船舶的航海安全，同时将联盟保护的范围拓展到朝鲜半岛、中国台湾和

◇ 海自“白根”级驱逐舰

菲律宾北部。1961 年 9 月，海自以第 1、2、3 护卫队群编成护卫舰队，即人们常说的联合舰队。1962 年，日本开始实施《二次防》，海自计划采购空对空导弹和舰载对空导弹，同时意图建造万吨级直升机航母，舰载直升机可以携带导弹，将扩大海自的作战海域拓展至 300 海里，以更好地协同美军进行反潜作战。

日本吸取了二战的沉痛教训，认为正是因为帝国海军无力保护本国商船免于美国潜艇的袭击，才导致了战时经济走向崩溃。冷战时期，日本执着地注重海上交通线的保护一定程度上源于其不希望二战的悲剧重演。海自成立后始终觊觎最新的海军技术装备，因此，如果《二次防》海军自卫队的计划步步实行的话，日本的军备将跃居世界前列。然而这一时期正是日本国民对军事问题非常敏感、对军备建设非常反感的时期，加之执政党和政府内部反对重整军备的声音不断加强，海自要求采购先进装备的意图没有实现。这说明在战后初期海自明显忽视了政治氛围和财政实际，也没有关注本国所长期坚持的政治诉求，尽管如此，海自的发展计划仍然坚定地展开。

1967 年 3 月，佐藤内阁决定实施《三次防》，总预算达到 2.34 万亿日元。海自计划建造 2 艘搭载反潜直升机的护卫舰、1 艘装备对空导弹的护卫舰、13 艘通用型护卫舰、5 艘潜艇，并装备 15 架 PX-S 反潜机及 40 架 HS-2 反潜直升机，主要

◇ 参加环球航海实习的学员

目的在于提高海自的防卫能力，确保海上交通安全，建立一支机动反潜护航、海峡封锁和沿岸防御相结合的海上作战力量。

但海自的军备扩张构想遭到以国防会议秘书长海原治为首的内部官僚的反对，海原认为日本应该明显收缩其海上态势，拟定海自能够确实实现和达到的有限目标。他还认为日本的海上交通线在地图上可以切割成无数的点，保护辽阔的海上交通线的任务超出了日本的海上护航能力。他催促日本政府重新构建海自，把自卫队建设成一支类似于海岸警卫队的专门负责抵御外敌对本土直接入侵的专业力量。

1972 年日本国会通过了《四次防》，在海上力量建设方面，建造了直升机护卫舰 2 艘、对空导弹护卫舰 1 艘、舰队舰导弹护卫舰 1 艘、其他护卫舰 9 艘、潜艇 5 艘、各种作战飞机 92 架。从 1955 年至 1977 年 3 月，海自先后制定并实施了四期军备建设计划。到第四期扩军计划结束时，海自拥有人员 4.66 万人，舰艇 147 艘，共 16. 6 万吨，飞机 340 架，建有 4 个护卫队群、2 个扫雷队群、2 个潜艇队群、7 个航空队群以及 5 个地方队。此时的海自已具备较为完善的反潜护航和近海防御体系，提高了对周边海域的防御和防空能力，机动性有所加强。此时美国援助的舰艇全部淘汰，完全实现了舰艇国产化，国产飞机的比重也进一步提高。

1976 年 10 月，日本制定首部《防卫计划大纲》，提出了新的军事战略设想和自卫队建设方向，其核心是加强海自“基础防卫力量”建设，要求海自进一步增强保护海上交通线的能力，它为 1977 年度后的长期扩军规划确定了基本方针，海自的发展开始进入一个非常重要的转折时期。

为了与 20 年前建立的“海事优先”原则相吻合，《防卫计划大纲》为海自如何抵御对日本本土的直接入侵提供了指针：要求海自对沿岸地区的威胁提供预警和防御，保护主要的港口和海峡，同时在日本的太平洋（300 海里以外）和日本海（可能是离日本西海岸 100—200 海里）的毗连水域进行积极的空中侦察和预警。《防卫计划大纲》设想打造一支以现代化驱逐舰、潜艇、固定和旋转翼反潜机为中心的舰队。1983 年的《防卫白皮书》中，日本首次提出“洋上歼敌”的防御战略，即在公海阻击、歼灭来犯之敌，突破了“防御作战只限定在本国领空、领海及周边海域”的限制，强调远洋制海空权的获得。

◇ 日美海上联合军演

上世纪 80 年代是日本重点发展海空力量的时期，海上交通线的维护能力拓展至 1000 海里。首相亲自抓防卫问题，中曾根康弘首相在会见美国《华盛顿邮报》记者时，就海上军备建设问题讲了这样一段话：“我们的目标是依靠对日本列岛四周海峡之完全而且严密的管

◇ “出云号”首航仪式

理，以阻止苏联的潜水艇和其他海军舰艇通过。第二个目标，是维持与确保海上交通线路的安全，应当把海洋防卫网延伸数百海里。应当确立海上运输线，所以关岛至东京、台湾海峡至大破间海上运输线之防卫，是我们所希望的。”中曾根首相的把日本列岛看成是不沉的航空母舰发言，对日本过去的立场做了大幅度的修正，超越了《国防基本方针》与《防卫计划大纲》等专守防卫的立场。

在首相的撑腰下，海自得到较快发展。随着装备的发展和任务的增加，海自在作战编制上也发生了很大的变化，于1985年开始组建第一个“八八舰队”，一定程度提高了反潜、防空和反舰能力，到冷战结束时，日本组建了4个“八八舰队”，即形成了4个护卫队群。上世纪80年代以来，日美联合演习的频率不断提高，规模逐渐扩大，通过联合演习大幅度提高了海自的战术水平，同时日美完善了联合反潜能力，在日本海和鄂霍次克海努力封锁苏联潜艇部队。到1991年，海自兵力达到4.37万人，编有4个护卫队群、6个潜艇队、10个地方队、2个扫雷队群、16个反潜飞机队，主要水面舰艇62艘、潜艇16艘、作战飞机214架。在这个时期，海自成长为美国海军在太平洋地区真正的合作伙伴。到冷战结束时，日本已悄无声息地成为亚洲海上军事强国，海自也成为亚太地区仅次于美国的第二大海上力量。

目前，海自舰艇开始向大型化发展，舰载武器实现了导弹化，改变了以前单纯重视反潜武器的做法，重视飞机在反潜作战中的作用，大力发展海上航空兵，重视质量建设和提高远洋作战能力。

◇ “出云号”交付证明

2. 同盟的代价

从以上论述不难看出，战后海自是在美海军强力支持下创建的，但同时为日美同盟付出了高昂的代价。比如海自通过大量巡逻机和扫雷艇的采购确实弥补了美军在反潜和扫雷作战方面的不足，补充和捍卫了美国的军事进攻能力，但这些装备的采购对日本来说意味着防卫力量结构的高度倾斜，已经到了离开驻日美军无法独立防卫日本本土的程度。自卫队军事专家对这样的短视感到苦恼，尽管他们心知肚明却无计可施。冷战时期的日本海上军事战略总是从属于美国在亚洲的地区态势，海自缺少一个独立的身份，它只是驻日美军的附庸。

至此，还不足以将海自视为具备完整力量编成和装备体系的独立的海军，而是在特定领域专业能力很强、特定领域有所缺陷的海上力量。直至本世纪初，海自仍以配合美军作战为目标，缺乏明确的军事理论和独立作战能力。当然，一旦美海军第 7 舰队和海自组成一支联合海军，其在西太平洋到印度洋海域的实力恐怕不容小觑。但是反过来说，海自力量的发挥须臾离不开美国在日本的海上军事存在，更离不开日美同盟，这个同盟一旦破裂甚至瓦解，日本将不得不接受存在缺陷的海自凭一己之力遂行作战的窘迫现实。

海自具备世界一流的反潜警戒能力，这个能力很大程度上是美国所赋予的。冷战时期，对以横须贺为母港的美海军第 7 舰队的航母机动部队而言，苏联海军的核潜艇是最大的威胁，所以探知和击退核潜艇成为海自“义不容辞”的职责。根据美国政府的要求，日本政府数十年来持续不断地采购并配备了 P-3C 和性能更优越的 P-1 固定翼反潜巡逻机，形成了反潜“百机体制”，在这方面至今尚无其

◇ 数量上仍是海自主力的 P-3C 反潜机

他国家能出其右。然而苏联潜艇威胁随着该国的解体而消失，如此众多的反潜巡逻机变成累赘和负担，根据海自的测算，只需保有 20 架即可。不过根据日本政府的判断近年来周边国家潜艇部队实力大幅增强，而俄罗斯海军也显现出“复活”的征兆，不仅“百机体制”需要维持，装备的质量性能还需进一步提升。

除了巡逻机部队，海自扫雷部队也与美国海军关系紧密，没有扫雷战就没有海自的诞生，此话并不为过。二战末期，美军在日本列岛周边海域布设了 7 万颗水雷，导致日本本土与海外的航路以及资源输入通道被彻底切断。美军占领日本后，又急于扫除自己布下的水雷阵，于是指令部分前帝国海军官兵组建扫雷部队，负责排除日本列岛沿岸全部水雷，经过 1 年多的苦战，以阵亡 80 人的代价肃清了全部水雷。在其后的朝鲜战争中，美军为顺利在朝鲜半岛东部元山海域登陆，又要求日本海上保安厅秘密组建 1200 人的特别扫雷队，派其赴元山和仁川海域执行扫雷任务。

当时的扫雷装备普遍较落后，扫雷过程是通过钢索切割水雷固定索，或者通过电缆引爆水雷而完成的，观测探测手段非常落后，危险性很大，于是美国人将这项充满风险的任务作为“日美合作项目”指定给了日本政府。然而令美国人刮目相看的是，对于这项不太美妙的“合作项目”，扫雷部队还是不折不扣地执行了

◇ 2015 年 3 月，防卫省为“出云号”授予舰旗

◇ 海自举行扫雷训练

◇ 海自“宇和岛号”扫雷舰

任务，从1950年10月11日到12月6日的两个月间，共有46艘扫雷艇、大型试航船以及1200名官兵先后执行扫雷任务，以第14号扫雷艇触雷沉没、死亡1人，负伤18人的轻微代价取得了辉煌“战果”（另有3艘扫雷艇临阵脱逃，拒绝执行任务），共新辟了327公里的航线，扫除了600平方公里海域内的27颗水雷。扫雷行动得到了美海军的高度评价，其工作效率之高，损失之轻超出了美国的预想。扫雷部队是帝国海军未被解体的硕果仅存部队，其一切传统都被原封不动地保留下来，海自正是以这支部队为基础发展而来的。

冷战时期扫雷部队被视为日本外交的“招牌武器”，那时日本在外交领域乏善可陈，根据1951年签订的《日美安全保障条约》，美国几乎包办了日本的防卫乃至外交事务，在国际政治舞台上很少能听到日本的声音，也导致了日本代表在国际会议上以“3S”（英文“微笑、沉默、瞌睡”的缩写）著称。而自卫队的处境更是不容乐观，由于《日本国宪法》的限制，自卫队长期“半身不遂”，其活动范围受到极大制约，唯一能亮相海外的就是打着执行扫雷任务这一“和平事业”的海自扫雷部队，从战败至今，这支部队多次奔赴世界各大海域扫雷，从朝鲜战争期间赴元山海域扫雷到海湾战争期间赴中东执行扫雷任务，都能看到海自扫雷部队的身影。令人难以预料的是，扫雷活动最大的受益者居然不是自卫队本身，而成为外务省在国际舞台展现形象的抓手。

当前海自拥有世界上最大规模的扫雷部队，列装了 25 艘专用扫雷舰艇，还有大量用于两栖战的无人扫雷装备和扫雷直升机，并配备众多具备高度专业技能的扫雷部队官兵，除此之外，海自还量身打造了 2 艘扫雷母舰，这也是世界上绝无仅有的。海自扫雷部队各种设备一应俱全，既能边探测海底边扫清水中障碍，同时还能在部队预定登陆海岸设立标志并引导部队登陆。扫雷直升机不仅能在海上伴随舰艇扫雷，在登陆海岸附近的浅海也能运用自如，而无人扫雷装备 SAM 则可在登陆海滩附近的极浅水面实施扫雷作业，专业蛙人则在承担扫雷任务的同时还要清除横亘在海岸、影响部队和装备通行的各种植被。海自组建以后，屡次派遣扫雷部队替美军实施扫雷战，从实际效果看，海自高超的扫雷能力弥补了美军的不足，补充和捍卫了美军的进攻能力。

一般而言，一国的国防战略决定其装备发展的重点，而海自舰艇及其装备水平并不是其海洋战略的直接反映，也就是说，海自采购和建造的舰艇与日本中长期国防方针的理念并不吻合。比如英美海军根据其国防战略需求，其造舰计划已经细化到 2040 年前后。反观日本的《防卫计划大纲》和《中期防卫力建设计划》，其中并没有多少战略性的构想，当然，也有可能海自或防卫省秘密制定了中长期战略但没有公开。如前所述，海自的发展基本从属于美军的国防战略，因而事实上难以拟制和付诸实施独立于美军之外的造舰计划。如果说 P-3C 巡逻机的列装是为了遏制苏联核潜艇对美海军第 7 舰队的威胁，那么建造“宙斯盾”防空驱逐舰的真正价值在于排除苏联超音速轰炸机对航母机动部队的威胁。该舰搭载的高性能防空雷达和防空导弹系统能够有效阻止轰炸机的来袭，当然，这款高科技装备并不是一般国家能够得到的，足见日美关

◇ 中谷元防卫大臣视察扫雷艇

◇ 海自欲再增 2 艘“宙斯盾”舰

系之非同寻常。而日本方面也做出“绝不还价”的姿态不惜拨出巨额经费以显示日美同盟的亲密程度，然而核心技术仍然被美国所屏蔽。目前海自搭载“宙斯盾”系统的防空护卫舰有 6 艘，还有 2 艘正在建造。

当第一艘“宙斯盾”列装海自之时，苏联已经解体，超音速轰炸机的威胁不复存在，既然敌人消失，如继续建造和保有该型舰艇，只会成为民众的税务负担。然而此时恰好朝鲜试射的“大浦洞”导弹横穿日本列岛落入太平洋，美国“审时度势”地建议日本政府对“宙斯盾”实施升级改造，新增反导迎击功能，并主动为日本提供各种技术。于是“宙斯盾”又摇身一变，成为海自反导作战的中枢，特别是被纳入美军战区导弹防御系统。为美军战略服务，也许是保有“宙斯盾”的唯一意义。

潜艇称得上现代海军最强的武器装备之一，大致可分为战略核潜艇、攻击核潜艇和常规攻击潜艇三大类，前两者都属于核潜艇范畴，核潜艇无需燃料补给，不用浮上海面进行吸排气作业，理论上可在水下潜航数月甚至数年，但潜艇乘员是人，在没有昼夜之分的潜艇上连续工作的极限是 2 个月。战略核潜艇搭载潜射核导弹，长期在大洋中潜航，具备强大的核遏制能力，目前保有战略核潜艇的国家只有联合国五大常任理事国。攻击核潜艇具备复合型作战能力，既可以探测和

◇ 海自“苍龙”级潜艇

追踪对手的战略核潜艇并择机将其击毁，也可在己方舰队外围担任警戒，用鱼雷或反舰导弹击沉敌方的军舰或商船，除此之外还可用巡航导弹攻击敌方地面目标或敷设水雷。常规攻击潜艇在潜航状态以锂电池推进，在海面航行时以内燃发动机推进，因速度小于攻击核潜艇而无法对其进行打击，但是在水中低速航行时发出的噪音极小，有利于在水下伏击敌方潜艇或水面舰艇。

海自目前不保有核潜艇，拥有可投入作战的常规潜艇 16 艘、训练潜艇 2 艘。海自高层长期对比怀有不满，认为即使从反潜、护航和封锁重要水路的角度考虑，潜艇数量至少应达到现有的 2 倍，提出了“潜艇倍增构想”。海自对战时潜艇部队的作战想定如下：封锁日本周边海峡和主要港湾，阻止敌方潜艇或水面舰艇侵入。众多岛屿构成的日本拥有大量海峡，为提前阻止敌方潜艇在日本沿海敷设水雷或阻碍内部航路，至少需封锁宗谷海峡、石狩湾、津轻海峡东西出入口、仙台湾、东京湾、骏河湾、伊势湾、若狭湾、纪伊水道、丰后水道、朝鲜海峡、对马海峡、一歧水道、大村湾、岛原湾、鹿儿岛湾、大隅海峡和庆良间海域（冲绳岛与宫古岛之间的海域），按每处至少需部署 2 艘潜艇来算，至少需部署 30 艘潜艇。而潜艇出动率不可能达到 100%，为此需保有 40 艘以上方可执行战时海峡封锁任务。

此外，海自的远洋投送能力可谓捉襟见肘。虽然陆自在持续打造一支 3000 人规模的两栖作战部队，但却不具备与该部队规模、装备相称的远洋投送能力，无法将所有人员装备一次性投送上岸，也缺少高效搬运从事两栖战略物资器材的手段。上述问题如不能得以妥善解决，两栖战的实施或成为无源之水、无本之木。

当前自卫队所拥有的远洋投送能力根本不足以支撑一场两栖战，原因有二，一是海自舰船装载总量不足，二是登陆用舟艇类型存在缺陷。首先看第一个问题。自卫队现有的远洋投送能力无法支撑起一场真正的登陆进攻战，目前保有的 3 艘“大隅”级登陆舰（日本称“运输舰”）的装载量只能支持营级以下规模的两栖战。从理论上而言，三艘“大隅”级登陆舰能够承载一个营的兵力装备。平均 1 艘可搭载兵员 330 人和 10 辆坦克，三艘总计可搭载兵员 1000 人、坦克 30 辆。但是这不过是平时状态下的运输量。平时运输以装载效率为优先原则，一般尽可能多地投送人员装备，且只投送战斗部队，如以此原则而论，可基本满足营级部队的搭载之需。当然上述做法存在重大缺陷，因为平时运输并不需要搭载部队必备的维修保养器材和各种消耗品，这些物资由投送目的地提供，只要不是真正的登陆演习，各类器材、支援部队和各种补给等登陆部队必备的辅助性人员装备不可能随舰投送。效率优先原则势必要求空间利用最大化，即可以将各种物资尽可能无间隙无次序地堆放在舱内，到了港口或码头再从容地装卸、编组，而与此同时，各型车

◇ 2015 年 9 月，海自为新型护卫舰举行命名和下水仪式

◇ 海自“日向号”直升机航母

辆和物资也被允许排满各层甲板，最大限度地使用登陆舰的空间。

与平时的部队运输形成鲜明反差的是，在两栖战的兵力投送阶段，能够投送的部队规模或将锐减。首先，两栖战过程中仅仅投送战斗人员和武器装备是远远不够的，还要投送其他各种维修器材，以及在海岸进行装卸作业的工兵和实施医疗救助的军医等战场支援部队。而且，无论是战斗部队还是支援部队，其消耗的补给品都是投送不可或缺的，另外还要将后勤运输部队计算在内。考虑到实施两栖战过程中如此庞大的投送量和捉襟见肘的投送能力，“大隅”级登陆舰没有能力搭载成建制的战斗部队。

就海自当下的远洋投送能力而言，无法胜任投送一个营遂行两栖战的任务。“大隅”级登陆舰虽有全通型甲板，外观貌似强袭登陆舰，可实际上只是排水量9000吨的普通登陆舰。该型舰艇比美海军任何一款现役登陆舰都小，战时每艘仅能投送半个连（中队）规模的战斗部队＋α（与战斗部队相适应的支援部队及消耗补给品），此种状况是无法支撑两栖作战的。顺利遂行最小规模（营级）两栖战的基本前提将现行“大隅”级登陆舰的数量增加1倍，达到6艘。如进一步扩大两栖战规模，海自须生成陆军海战部队整体投送能力，其综合投送能力应达到目前的6倍＋α 水平，这意味着“大隅”级登陆舰的数量应达到20艘之巨。如此规模的远洋投送能力在现实中能否实现值得怀疑。

当然，日本已充分认识到登陆舰之于遂行登陆作战的重要性，日本内阁发布的《中期防卫力建设计划》（2014—2018年）明确规定将“打造兼具水陆两栖作战指挥、航空运用和大规模投送能力的多功能舰艇”。为落实上述指示，目前正在建造2艘比“大隅”级规模更大的强袭登陆舰，不过首舰最早也要到2019年才能下水，并在2024年形成战斗力，二号舰预计2020年下水，2025年形成战斗力。而到2018年末，陆军海战队将形成战斗力，而强袭登陆舰却要到2024年以后服役，可以说，陆军海战队的编练大大超前于与其相称的远洋投送能力。在此之前，自卫队只能应对不超过营级规模的小型两栖战斗。

第二个问题是登陆用舟艇数量不足。要顺利遂行两栖战，还须解决登陆用舟艇型号和数量不足的难题。因为自卫队没有足够数量的登陆用舟艇，所以船坞型登陆舰无法实现高效登陆作战的目标。当前，气垫登陆艇（英文缩写“LCAC”）是自卫队登陆用舟艇的主要类型，但该型舟艇无法满足大规模登陆作战之需，须采购运用必要的普通登陆艇。目前日本没有舰载型登陆艇，只有8艘机动两栖登陆艇（英文缩写“LCM”）和通用登陆艇（英文缩写“LCU”），平时在港湾作为支援船只使用。远洋型登陆舰“大隅”级能够搭载的海自登陆用舟艇只有6艘

◇ 补给舰为护卫舰实施海上供油

LCAC 和 2 艘 LCM，平均每艘登陆舰只配备不到 3 艘的舟艇，自卫队每艘船坞型登陆舰配备的舟艇只相当于他国海军的三分之一，美海军的 31 艘登陆舰配备了共计 171 艘登陆用舟艇，英国海军的 6 艘登陆舰配备 37 艘登陆用舟艇，荷兰海军的 2 艘登陆舰配备 17 艘登陆用舟艇，美英荷海军平均每艘的登陆舰配有 6—8 艘登陆用舟艇。也有海自部分人士看到了问题，呼吁必须达到他国海军的通行标准，大幅增加登陆用舟艇的型号和数量。

普通登陆艇在部队从海滩向内陆进攻过程中发挥了进攻主力的作用，当登陆艇抢滩后，艇首的门打开，坦克、兵员和运输装备可以直接登陆，在敌纵深地带开辟登陆场。而且与 LCAC 相比，普通登陆艇采购费用相对低廉且结构简单、坚固耐用，小型造船厂即可生产。自卫队部分军事专家强调，为弥补 LCAC 的劣势，应借鉴美英海军的经验，将每艘登陆舰配备的舟艇数量增至现行的 2—3 倍。考虑到实施一场营级规模两栖战的需要，LCAC 数量应达到 12 艘，普通登陆艇应达到 12—24 艘。登陆用舟艇不应采用单一的 LCAC，应考虑配备 LCU、LCM 等各类舰载型普通登陆艇。

由此，笔者试着对海自发展理念与脉络做一个小结。日本是一个传统的海洋国家，发展海军有成熟的经验，日本海上力量在历史发展进程中逐步形成了独特的作战思想。一是不宣而战，由海军实施战略偷袭或进攻；二是“大炮巨舰主义”的海上决战思想。建设现代化海军，确保海上交通线是日本国防发展战略的重要思想，认为海洋国家的军事作战是以击破假想敌国的海洋战斗力，封锁海洋，从海洋向沿岸地域进行短促的军事干涉为特色的；三是“封锁与保交”思想。所谓“封锁与保交”，其内涵就是坚持《日美安保条约》，以封锁对马、津轻、宗谷三海峡和保护 1000 海里海上交通线为主要作战任务。因为日本四面环海，离开海上运输则无法生存，特别是吸取二次世界大战时被美军封锁失去海上运输线的教训，所以一向视海上运输线为生命线，可以说海自几十年的发展都是围绕这一主线的。

从目前海自发展状况看，海自已初步建立起具备联合作战能力的作战编队，具备了超常的远洋进攻能力、强大的反潜作战能力和较强大的防空能力。但是，在日美联盟的体系下，从更广泛的层面来讲，海自仍只是美国海洋战略的附属物，缺少独立、连贯的海上军事战略，主要为美军实施配合性任务、弥补美军的不足。离开美军，海自的单独作战和攻击能力有待提高，确切地说，反潜和扫雷作战能力一流的事实并不能证明海自具备与周边国家对抗的足够能力。

三、由守转攻的“东洋之鹰”

1.“洋上防空”思想

作为岛国航空力量的空自长期遵循“洋上防空”的作战指导思想。“洋上防空”理论强调将国土防空、远洋防空、陆地防空、海上防空和导弹防御融为一体，形成以日本列岛为中心的防空体系。首先要求空自在远离本土的远洋上空实施对空拦截，即把防空警戒和拦截线扩大至距岸 800 公里之外。战时，空自各种拦截兵器从 800 公里以外层层打击，将敌诱至其作战半径极限处和预设的拦截空域一举予以歼灭。其次是重视集中使用兵力兵器。战时充分发挥航空兵的特长，抓住战机，短促而迅速地集中，把主要力量集中用于重要空域，形成局部地区的空中优势，予敌以毁灭性打击后，迅速撤离或分散。

◇ 空自主力战机 F-15J

◇ 空自主力战机 F-15J

◇ 位于防卫省大院内的空自“爱国者”导弹基地

“洋上防空”思想要求以积极行动达成作战目的，一是主动打击敌航空基地。自卫队认为这是歼灭进攻之敌的最好选择，但目前这项任务只能由美空军承担，空自予以积极配合与支援。二是积极夺取制空权，在未来战争中，在对方反复实施大规模空袭的情况下，必须先敌发现、先敌占领有利阵位、先敌进行突然攻击，才能为夺取制空权创造条件。空自认为，敌空中力量可能占绝对优势，夺取全面制空权比较困难。在这种情况下，需通过集中兵力于重点地区，形成局部空中优势，掌握部分制空权。

2.“空中武士”的发展历程

至 1962 年底，空自配备了 33 个飞行队，约 130 架战机。《一次防》特别注重各种新式武器的研究开发，努力使装备国产化。比如美国提供的 PSZ-7 大型反潜机国产化，并编入了 1958 年的年度预算。另外，1957 年 12 月日美安保委员会决定向日本提供由战斗机携带的红外线跟踪空对空导弹，使自卫队首次拥有小型导弹武器。其后，日本积极组织力量对导弹进行研制。

在《二次防》期间，空自新设西部航空方面队，与原有的北部、中部两个方

◇ 空自主力战机 F-15J（三）

面队一起实行对全国划区管辖的防空体制。到了《三次防》，空自将2个导弹大队增强到了5个， 并改用新型地对空导弹，还确定了下一代战斗机、教练机和运输机的机种，并实现国产化，同时继续完成《二次防》开始建设的雷达防御网，采购配备雷达的早期预警机。《三次防》使自卫队真正具有独立承担海上和空中的防卫能力和机动能力。如空自装备的新型地对空导弹射程150公里，高度可达32公里，速度为3.3马赫，可以装载核弹头， 能够拦击各种先进的飞机。《四次防》期间，空自采购了新型幻影式F4EJ歼击机及RF4E侦察60架、国产TZ教练机59架，还改装对地支援机、国产C1运输机等，另外还强化和新编了3个地对空导弹群。

1977年9月，福田赳夫内阁与美国就进一步加强日美共同作战体制达成一致意见。在同年12月的国防会议上，决定采用美国麦克唐纳·道格拉斯公司的F15飞机为下一代主力战斗机、洛克希德公司的P3C飞机为反潜哨戒机。F15不仅是最新式的歼击机，如果在空中加油以提高续航能力，还具有对地面攻击的战斗轰炸机的功能。福田内阁不仅决定采购F15战斗机，还抛弃历来实行的“不给战斗机空中加油”的方针，决定给F15保留空中加油装置和轰炸装置。另外，日本还采购了当时最新式的具有强烈反潜攻击能力的P-3C反潜巡逻机，打破了“专守防卫”

◇ 航空自卫队成立60周年纪念仪式

◇ 空自为防范领空遭到侵犯，时常保持紧急起飞的制度

的限制。

上世纪 80 年代，空自的发展目标旨在谋求航空能力的现代化，研发采购了先进的反潜巡逻机 P-3C，大量配备 F-15 战机、EZC 早期预警飞机、新型地对空导弹，还对直升机进行改装，改善其性能，并更新了导弹品种。到了 80 年代末，空自拥有的新型战斗机 F-15 总数达到 187 架、先进的反潜哨戒机 P-3C 总数达到 100 架，形成了反潜“百机体制”。

除了采购常规装备，空自还致力于打造“洋上防空体系”。防卫厅于 1986 年 4 月在厅内设立“洋上防空体制研究会”，同时又抓紧从美国买进超水平线雷达、空中加油机、导弹舰等先进武器。如今的空自装备中，可以监视三四千公里以外的超水平线雷达与空中雷达、具有指挥中枢功能的空中警戒管制机 AWACS 已一应俱全，包括延长战斗机续航距离的空中加油机在内的“洋上防空体系”多种先进装备全部采购到位。

3. 翅膀越来越硬

当前空自已有 290 架 F-15J 和 F-4EJ 主力战斗机，40 架 C1 和 C130H 运输机，还有 46 架运输直升机和救援直升机，另有 4 架先进 E767 空中指挥预警机，还有 13 架 E2C“鹰眼”空中预警雷达机，可以夜以继日在全境巡逻，以防导弹突袭。2015 年，空自还新购 6 架新一代主力战机 F-35，新增 20 架巡逻机。空自表面上发展实施国际维和、人道救援等国际安全任务所必需的指挥、控制、通信能力和运输支援能力，实质上是大力发展远程化、信息化和综合化作战能力，也就是将自卫队派往海外实施军事行动的能力。种种迹象表明，空自作战指导思想已由被动防御转为主动的积极防御态势，由“纯防御”型向“攻防兼备”型转变。其作战区域由“本土防御”扩大到“周边地区”，作战地区日趋多元化，具备一定的远程战略进攻能力，实现既能确保日本本土安全又能参与国际安全事务的目标。

◇ 空自正在西南地区增设 1 个飞行队，新建第 9 航空团

当前空自力量运用的重点有二，一方面强化立体化防空反导体系。日本认为应对导弹威胁最有效的是预警体系，一旦发现目标，即予拦截和反击。除了空中预警机外，地面逾 30 个先进雷达站、情报卫星、地面“爱国者”导弹系统，以及搭载“宙斯盾”系统的防空驱逐舰构成了全天候多维度的空天预警指挥体系，并且已着手研制可探测隐形战机、隐形战舰及隐形导弹的反隐形雷达。

另一方面，旨在夺取西南地区制空权。2015 年空自各型飞机购入经费达到

7202亿日元，大幅高于去年的4567亿日元，重点用于采购20架海自P1固定翼巡逻机、6架第五代战机F-35，以及预警机、无人机等。西南地区被视为空自力量部署的薄弱环节，因为对于九州以西以南的广袤空域和偏远岛屿来说，空自的飞机雷达显得鞭长莫及。为构筑和充实西南区域快反作战体制，最近两年空自拟采取以下措施，一是新编第9航空团，增强空自在该区域的航空和防空作战效能。2015年空自在力量编成调整改革方面做了重大调整，具体来说，空自把驻筑城基地的第8航空团所属的第304飞行队整体移驻至那霸基地，加上目前已在那霸部署的第204飞行队，这个基地的F-15战斗机部队保有量将增至2支，从而以此为基础组建第9航空团。目前空自正耗资34亿日元抓紧扩建改建那霸军用机场及相关设施以满足新部队的驻扎。二是对数十架F-15J和12架F2实施全面升级改造，以缓解西南地区战机数量偏少的矛盾。三是修建改建西南岛屿民用机场。除冲绳地区外，日本西南地区各主要岛屿还将建造大量备用机场和民用机场，尤其要新建和改建冲绳西南的先岛群岛的下地岛机场、多良间岛机场、石垣岛机场、与那国岛机场等多个机场。这些机场距离中国台湾只有150—400公里，是自卫队战时非常重要的前沿。

在太空装备方面，日本过去几年已发射多枚光学侦察卫星和雷达侦察卫星，致力于建立天基军事侦察和预警能力，估计2020年将建成天基军事侦察、预警、监视和通信网。到时可从太空、空中、地面、海上、水下和网络，对敌方进行全方位监视和监听，以配合导弹防御系统。这些系统都是高科技军事情报网，使敌方难以进犯，也增了先发制人的能力，为将来在太空部署武器及组建天军打下了基础。

第四章
"时代变了"

一、苦恼的60年

1. 50—60年代：渴望承认期

上世纪50—60年代是自卫队发展的第一个阶段。由于1950年朝鲜战争的爆发，原本雄心勃勃欲将战败的日本改造成"太平洋上的瑞士"的美国一转严厉的对日

◇ 今日繁华的东京街头

政策，强烈要求日本恢复军备建设。而“中兴之父”吉田茂坚信战后恢复重建乃国家利益之根本，固执地抵制美军的指令，但最终，伪装成治安组织的面目出现的“警察预备队”成为战后日本最初的军事力量。为了维护日本的权益，坚持“重经济、轻军备”这一政治信条的吉田茂采取灵活的现实主义态度周旋于西方大国之间，走出了一条日本特色的战后国家发展道路。即在维护最低限度武装力量的同时，最大限度发展经济，从而实现“败之于战争而胜之于经济”，后世称之为“吉田路线”。如今看来，这条和平发展道路无疑是成功的。自卫队诞生仅仅10年后，日本就再次跻身发达国家之列，对此吉田开创性的胆略和领导功不可没。

不过仅就自卫队本身而言，在这一时期是其最黯淡的日子，首相的“遗训”已经表明，加入自卫队意味着自身地位和价值得不到社会承认而就此终老一生，前途一片灰败。上世纪五六十年代正是各国左翼势力大行其道、世界反战浪潮风起云涌之际，受美国民众反对越战运动的影响，日本国内在1960年上半年掀起了反对修订《日美安全保障条约》的旷日持久的革命运动。全国共产党斗争委员会(“全共斗”）和全国学生联合会（“全学联”）多次组织数以百万计的民众保卫国会，与警察展开无畏的搏斗。在那个激情燃烧的岁月，民众反战、反军运动达到鼎盛。

◇ 荣获诺贝尔文学奖的日本作家大江健三郎

而一贯低调行事的自卫队也未能幸免，因为这个组织最疑似军队而被推到风口浪尖，任人指责甚至唾骂。

后来的诺贝尔文学奖获得者大江健三郎当时是反对自卫队的急先锋，看过他言论的自卫队员绝对会精神抑郁。1958 年 6 月 25 日，《每日新闻》刊登了大江的文章，其中毫无顾忌地写道："在这里我将表达自己鲜明的政治立场，防卫大学学员就是日本青年中的败类，这些人怎么会志愿加入自卫队，难道他们不知道加入自卫队是一种耻辱？！"当然，面对如此刻薄的指责，自卫队也无力反击，因为反战、反军就是那个时代的政治正确。即使如此，自卫队在建设发展上仍在忍耐中一点一点地往前推进，努力向真正的军队靠拢。

2. 70—80 年代：军力增强期

标志着东西方阵营彻底决裂的柏林危机和古巴导弹危机直接导致核战争迫在眉睫，世界局势进入紧张与缓和相交替的时代，以 1979 年苏联入侵阿富汗为肇因，东西方对抗突然再次升级。这一时期的自卫队，已然成为实现美国全球战略的一颗螺丝钉，它身处与苏联对抗的最前线，成为西方自由阵营"不沉的航空母舰"，严格按照要求发展美国规定的装备，编制相应的部队。诸如 F-15 战斗机、P-3C 巡逻机、E-2C 预警机之类当前自卫队的主流装备都是在这一时期研发和采购的，自卫队综合实力稳步提升。以海自参加美海军主导的环太平洋联合军演为契机，陆海空自卫队的指挥系统开始联结美军指挥体系，俨然成为美军指挥下的一支部队。为了打消民众和舆论的疑虑，1976 年，三木武夫首相承诺防卫费开支将不会超过当年 GNP 总额的 1%。

3. 90 年代至今：职能拓展期

时代让各国联动。在上世纪 90 年代初东欧剧变和苏联解体的同时，日本历史也翻开了新的一页。1989 年 1 月 7 日，裕仁天皇驾崩，昭和时代结束，进入崭新的平成时代，当年 11 月，柏林墙倒塌，持续近半个世纪的冷战时代终结。世人皆以为天下即将太平，但事与愿违，世界各地局部战争此起彼伏。1990 年 8 月，伊拉克入侵科威特，对此以美国为核心的多国部队于 1991 年 1 月实施代号"沙漠风暴"的空袭。日本政府设立"海湾危机对策本部"，并时隔 45 年派遣了海自扫雷部队赴停战后的波斯湾执行扫雷任务，而这才刚刚拉开变化的序幕。冷战后，国际形势不确定性增加，之前被大国强权所掩盖的民族、宗教矛盾像滚烫的岩浆一般喷发出来，演变为局部战争，部分地区民族宗教争端久拖不决，由此蜕变为国际恐怖主义的策源地。各国由此也迫切地认识到国际社会联合起来维持和平与安宁的必要性，当然日本也没有对此坐视不管，而是积极参加到国际维和行动中。1992年，尽管社会党在国会上演“牛步战术”（即投票时像牛一样慢腾腾地移动，走两步退三步，回到原位定定心喝口茶，如此往复），从上午8点走到凌晨还没走到主席台，好久没有出现的通宵开会的混乱局面再次呈现。但是最终《国际维和活动合作法》（简称《PKO合作法》）还是在国会通过了，自卫队常态化出国执行任务有了法律保障，“海外派兵”这个词已不再成为政治禁忌。在此之前蜗居近40年的自卫队终于来到硝烟弥漫的海外战场开始经受实战考验，很多日本学者认为自卫队的职能拓展是国际情势使然。

2014年11月，防卫省为赴苏丹南部遂行工程援助任务的陆自工兵团举行“壮行仪式”，从此，自卫队逐渐被赋予更多全新任务，活动的舞台向国际和远洋拓展。2001年海自赴印度洋为美军供油成为自卫队“海外派兵”活动的新阶段。当年“9•11”

◇ 10式坦克进行战术机动

◇ 自卫队在伊拉克进行“后方支援”

事件之后，美国小布什政府向全球恐怖主义宣战，自卫队应美国请求开始向其进行供油服务。为此日本国会颁布了《反恐特别措施法》，允许自卫队赴海外为盟国提供后方支援，这也是自卫队第一次为还处于战争状态的盟国提供服务，派兵性质属于“战时派遣”。不过自卫队活动范围并没有因此打住，紧接着就实施了“战地派遣”。2003 年，美国根据萨达姆政权保有生化武器这一错误情报，发动伊拉克战争。应美国的请求，陆自工兵团以帮助伊拉克恢复重建为名赴该国西南地区萨马瓦市为当地提供给水、医疗服务，并开展公共设施建设。虽然此时大规模战事已经平息，但恐怖袭击仍在持续，自卫队宿营地也时不时地遭到迫击炮弹轰击。

“海外派兵”的内容不仅在于赴战地维和与提供人道主义支援，还多次赴亚丁湾护航以及赴多国救灾。这些活动实际上是“海外练兵”，无处不在考验着自卫队的综合能力，特别是分秒必争的救灾行动使自卫队快速反应能力得到大幅提升。以“3·11”东日本大地震为例，海上幕僚监部在震后 6 分钟就发布了所有机动舰艇出港命令，除在船坞维修保养的舰艇，其他所有舰艇全部向灾区海域集结，自卫队机动能力令世人惊讶。生成反导迎击能力也是 90 年代以后自卫队被赋予的新任务。以 1993 年朝鲜导弹危机（当年 5 月朝鲜向日本海发射射程为 1000—1500 公里的“芦洞”中程弹道导弹）为契机，日本开始组建反导部队，并和美国共同

◇ 陆自准备执行维和任务

开发战区导弹防御系统。最近几年，自卫队又在练就处理核泄漏问题这一“新本领”。东日本大地震导致的福岛核电站大面积核泄漏打破了日本核电站的安全神话，由于此前完全缺乏相关训练，赶到现场的自卫队员面对核泄漏方寸大乱，迟迟无法有效处理。不过日本人有着灵活应变的性格特点，从2011年下半年起，自卫队就与相关部门一起开展防止和处理核问题的专门训练。

4. 由静到动

笔者以20年为一个区间对自卫队创设60年来的历史进行了超简洁的概括，可以说，自卫队自“海外派兵”以来发生了很大的转型，综观最初的40年和最近的20年，自卫队的变化可用“天上人间”来形容，这源于自卫队员自身意识的变化。自卫队在冷战期间的唯一任务就是应对据说随时会面临的、但终究没有发生的“苏联入侵”，为此开展了各种训练，积极备战。最后，训练本身异化为目的，在这种漫长的“等待”过程中，日本国民没有看到也难以理解自卫队存在的价值。

然而，一旦“海外派兵”成为现实，自卫队的地位和所扮演的角色都发生了很大的转换。在海外，自卫队明白了以前不切实际的训练简直是“磨洋工”，见识了美军如何通过任务驱动在有限的时间内达成既定目标。从此，自卫队也学会了以需求为牵引针对性实施技战术训练，学会了如何聚焦实战，发挥武器装备的打击火力，也学会了陆海空不同军种之间如何紧密合作，以及如何与外国友军之间进行联络和协调任务。在这个过程中，自卫队员不仅大开眼界，其整体能力素质也得到飞跃性提升，更重要的是，他们对自卫队的认知也悄然发生质的改变——不断对自卫队存在价值做出确认和肯定。逐渐地，吉田遗训里说的“不被承认的边缘人”的角色正在慢慢消解。

在冷战终结至今的20余年间，自卫队开始逐步接受战争与死亡的概念。在自卫队首次被派赴海外前的数十年可用“未发一弹、未死一人”来形容，这里的“死”

◇ 自卫队在伊拉克进行“后方支援”

是指执行军事行动造成的死亡，不包括因各种原因导致的“殉职者”。但在自卫队行动范围扩大之后，特别是到伊拉克之后，自卫队员常态化体验到了死亡的威胁。让自卫队员首先感受到死亡威胁的是赴波斯湾的扫雷行动。在陌生的外国海域开展扫雷作业的危险性不言而喻，扫雷艇上最高危的岗位莫过于设置在艇首的观察哨，一旦触雷，观察员将立马死于非命。最危险的工作总是由最年长的士官担任，这是帝国海军的传统。在遥远的中东，自卫队执行的任务第一次与死亡相关联。

◇ 亚丁湾护航编队归国

从这一刻起，自卫队不得不开始从组织层面认真考虑如何直面战争和死亡的问题。比如联合参谋部研究拟制了一整套海外战死队员遗体处理、运送、迎接、下葬等程序，甚至责成军医专门就遗体整容术进行研修。

自卫队员们在处理“能登半岛可疑船事件”过程中第一次感受到了死亡威胁。1999年，朝鲜特攻艇侵入日本能登半岛，海自紧急出动应对，成为海自史上首次海上警备行动。“妙高号”等护卫舰奉命追踪伪装成渔船的朝鲜特工艇，由于特工艇速度很快，护卫舰紧追不舍但始终无法追上，遂根据《部队行动基准》实施了史上首次射击警告，要求其停船，但毫无效果。入夜，特工艇突然停止了前进在原地徘徊。于是登船强制检查成为迫在眉睫的任务，这考验着每一名队员。日本人是最善于制订计划的民族，哪怕是小学生外出春游都会自己制定详细方案。对于计划之内的事情，自卫队员和普通日本人都能应对自如，可是面对计划之外发生的事，往往惊慌失措无法应对。由于之前自卫队从未对执行如此危险的任务做出过应对预案和想定，队员们不知所措，而且海自队员不像陆自那样接受过步枪、手枪等射击训练，连防弹衣也没有。可是，任务必须执行。当事的指挥官回忆说：“拟执行任务的20名突击队员都认为此去凶多吉少，于是我给他们时间去写遗书，

◇ 执行任务归来的海自干部与家人团聚

然后要求 10 分钟后到食堂集结待命。我看到有人把漫画书绑在腹部当作防弹衣，漫画书当然没有任何防弹效果，这样做只是一种心理安慰罢了，面对死神，队员们显然没有任何思想准备……”吊诡的是，正当突击队准备靠近特攻船的前一刻，特攻艇突然再次发动，高速驶出日本领海。第一次海上警备行动就这样戏剧性地终结。

20 多年来，自卫队内部始终流传着所谓“十年转机论”（1991 年海自扫雷部队赴波斯湾，2001 年实现首次“战时派遣”，赴印度洋为美军供油，2011 年，自卫队在抗震抢险中的表现为国民所高度评价），对此详细分析可知，最初的两次转机都是海自主导的。原因有二：第一，牵涉到海自在自卫队中的地位问题。在自卫队诞生发展过程中，有两种因素如影随行，即旧日军和美军。海自在美军支持下较早地制订了重建计划，并直接继承了原帝国海军的一切，包括理念、制度，以及部分人员和装备，创建后，海自与美军构筑了亲密的合作关系，对此陆自无法与之同日而语。第二，海军是天然具备国际化特征的军种。各国海军传统训练科目的远洋航行，对海军官兵生成国际战略视野有着潜移默化的促进作用，与陆军相比，无论是帝国海军还是当前海自，其人员更具国际视野是不争的事实。在

◇ 在陆海空自卫队中，海自的传承性是最强的

◇ 海自进行传统科目远洋航行训练

对军事问题缺乏认知和感觉的战后日本社会，只有见多识广的海自能够敏锐而深入地感知理解美军的所思所愿，从而顺畅地与美军接轨。因而，实际主导自卫队20余年发展变化的正是海自。

事实上，美军也对海自寄予了厚望，这一点也可从自卫队“海外派兵”行动中看出端倪。上世纪90年代以来，“海外派兵”一般采取以海自为开路先锋、陆自空自随后跟进的模式开展。1991年海自扫雷艇赴波斯湾执行任务之后，陆自于次年赴柬埔寨维和，海自2001年赴印度洋实施供油任务后，2004年陆自和空自开始派遣部队赴伊拉克，这一模式一直延续至今。顺便说一句，自卫队内部在讨论是否同意行使集体自卫权时，海自是对此最为支持的军种。

目前自卫队面临的任务已是千头万绪，不过伴随着安倍内阁做出修改关于行使集体自卫权的宪法解释，自卫队还将迎来新的任务……

二、防卫新战略

2012年底上台的首相安倍晋三无论是政治理念还是施政方略、做派都与他的外公岸介信一脉相承。岸和安倍都是主张通过“修宪”而迈入“正常国家”的坚决拥护者和行动者，共同秉承右翼“鹰派”政治理念。岸信介当政期间，日本经济实现了起飞，国民年金制度、健康保险制度等一系列关系国计民生的重要政策的施行，而“安倍经济学”的初见成效也

◇ 安倍晋三与其父安倍晋太郎（1982年）

◇ 安倍首相赴自然灾害现场视察灾情

给持续萎靡不振的日本经济注入了一支强心剂，通过日元贬值刺激出口、拉动消费的政策使得各项经济指标开始呈现良性变动。在岸介信任内的 1957 年，日本发布了第一个防卫战略——《国防基本方针》，而 2013 年，其外孙安倍晋三对这个战略做出重构，全新发布了《国家安全保障战略》。1959 年，日本获得了东京奥运会的主办权，而 1964 年奥运会的成功举办成为了日本真正回归国际社会的里程碑，无独有偶，安倍也在自己任内获得了 2020 年东京奥运会的主办权。历史总是以不同形式重复发生着，这一切到底是偶然还是必然，不得而知。

1. 从《国防基本方针》到《国家安全保障战略》

在岸信介内阁任内的 1957 年 5 月，日本战后首次提出了国家军事战略——《国防基本方针》。这个方针大有迎合美国的倾向，字里行间透出死心塌地追随美国的心态并坚定维护日美安保体制。《国防基本方针》只有四条简短的条款，但它规定了防卫厅和自卫队日后的发展路径，其影响绵延至今，主要内容有四点：

（1）全面支持联合国各项行动，努力进行国际合作，期待世界和平。

（2）重视民生，高扬爱国心，为保障国家安全奠定必要的基础。

（3）渐进地开展适应国情国力的必要限度的防卫能力建设。

（4）在联合国实施有效干预之前，如果遭遇外敌大规模入侵，以日美安保体制为基准采取各项应对措施。

这里面最紧要的是第四项，即“以日美安保体制为基准采取各项应对措施”。从此，以日美安保体制为纲成为日本制定防卫政策的前提，这一理念的确立也使希望摆脱美国、通过加强自卫队建设作为国防政策理念的“自主防卫论”很快销声匿迹。这个《国防基本方针》显然是内局官僚的得意之作。在他们看来，一旦支持“自主防卫论”，在政策制定上势必要听取军事专家，也就是“制服组”的意见，自然会强化“制服组”的权力，这当然是内局不能容忍的。根据当时防卫厅作战计划局局长海原治的《口述历史回忆录》，“我们没有自主承担国防的能力，不过只要有美国在日本的军事存在，日本就不可能受到任何威胁，即使遭到入侵也有美国大兵挡着。”这个《国防基本方针》折射出了海原治的强烈意向，不信任本国的自卫队而是依托日美安保体制制定防卫政策。靠外援守卫日本，既节省军费，又最大限度抑制了“制服组”的发言权，真可谓“一石二鸟”。

◇ 2012年12月26日，安倍晋三第二次被提名为首相

《国防基本方针》寥寥200多字，道出了日本国家安全战略方针，指明了自卫队的未来路径，自此自卫队的发展开始走上了正轨。这个方针出台至今已有50多年，就像“和平宪法”一样，它没有改动过一个字。一个尝到过原子弹味道的日本，到底应该实行怎样的安全战略？到底应该发展怎样的军事组织？这始终是战后日本领导人不得不直面的难题。为此各派政治家们掂量过、斗争过、辩论过，在反复权衡之后，自民党政治家们终于起草了《国防基本方针》，并作为落实“吉田路线”的行动之一成为日本的“国是”，直到2013年。

《国防基本方针》长期被人们所忽视，其实这恰恰奠定了此后日本防卫政策的法理依据，并使日本防卫战略和自卫队的发展进入全新的阶段。正因为有了它，日本逐步完善了以国防基本方针为原点，防卫建设大纲、中期防卫力建设计划相互配套的防卫政策制度体系；正因为有了它，自卫队从仅能跟随美军从事辅助性工作的“民兵”转型为能遂行复合型任务的多功能组织；也正因为有了它，自卫队从美国的“二战装备垃圾场”稳步发展成能自主建造直升机航母、10式坦克等尖端装备的军工强国。

56年之后的2013年12月4日，日本正式成立了本土版的国家安全委员会——“国家安全保障会议”，成为日本新的国家最高军事与外交决策机构，由首相安倍晋三担任议长。不到2周之后的12月17日，“国家安全保障会议”颁布了《国家安全保障战略》，正式取代了《国防基本方针》。

长期备受指责的日本外交混乱，被认为是由于没有设立类似美国国家安全委员会（NSC）的指挥机构所致，防卫省、外务省、财务省各部门条块分割、各自为政，无法针对突发事件迅速反应，更无法制定长期统一的战略规划。中国此前设定东海防空识别区的行为被日本解读为涉及外交和安保的严重问题。日本希望通过尽早设置国家安全保障会议来提高外交及危机应对能力。该机构的核心是由首相、外相、防卫相及官房长官组成的“四相会议”。该会议每两周召开一次，讨论制定政策。如有必要将扩大规模，召开由总务相和财务相等大臣加入的“九相会议”。而身为“制服组”的统合幕僚长和陆海空幕僚长也被赋予参加会议的权利，和政治家及内局官僚共同负责制定日本中长期的外交安全战略和大规模灾害等突发事件的应对措施，“制服组”可以在会上自由陈述意见。

实际上，大臣们是无法每天抽出时间来分析国际形势的，这些工作主要是由作为秘书机构的国家安全保障局来负责。2014年1月，由防卫省、外务省、国土交通省等中央机关的60名高级官员将被抽调到内阁官房，组成的日本国家安全保障局为国家安全保障会议的日常办事机构，前外务省事务次官、内阁顾问谷内正太郎担任首任国家安全保障局局长，日媒称该局还有自卫队干部加入。

早在2013年5月3日，安倍内阁就通过了成立国家安全保障会议的决定并责成防卫省和外务省的高级官员组成筹备小组。其实这个会议的组建构想早在3年前的民主党执政时代就已经提出，但是始终没有实现。安倍担任首相后，就开始强势推进这一机构的创建工作。不过，国家安全保障会议能否发挥预定的职能还

◇ 首任国家安全保障局局长谷内正太郎

很难说，其顺利运行的关键是对外交、防卫、警察等相关省厅重要情报和政策的吸收，但是各省厅很有可能对各自收集的重要情报有所保留。虽然根据法案规定，各省厅有向国家安全保障会议提供情报的义务，但实际执行情况取决于首相及各大臣的督导。此外，机构在日常运行上也存在问题。比如新设的负责国家安全保障的首相辅佐官和负责日常行政事务的局长之间的权责如何分配。

在此之前，日本的国家安全决策体制称为“安全保障会议”，新的机构虽然只是增加了“国家”二字，但两者有着质的差异。“安全保障会议”主要偏军事层面，重点解决防卫预算、作战指挥、人事任命、部队编制、装备采购等军事层面的事务，没有关注和呼应国家经济战略和外交战略。改组后的国家安全保障会议的特点在于，它不仅进一步强化了首相官邸“司令塔”的作用，而且有利于加强对“紧急事态”的迅速反应和危机处理，具有浓厚的“总体战”意味，也促进了情报收集分析能力的增强。

“安全保障会议”设置于1986年，以取代之前的最高军事决策机构——国防会议。在防卫厅成立之前，日本曾在1952年8月创设过一个临时国防机构——保安厅。为了研究和制定未来的国防政策，日本组建了由保安厅次长为委员长，第一、第二幕僚长（陆上和海上幕僚长的前身）和各内部部局局长为委员的“制度调查委员会”，作为最高军事决策机构，类似于日本战时的“大本营”。不过这个机构只是探讨纯军事层面的事务，比如应以哪个军种为核心进行战斗力建设、日美安保体制到底值不值得信赖等等。由于当时日本在自卫队建设和管理上实行强势的“文官治军”体制，防卫厅的文官们无法容忍“制服组”高官参与最高军事决策过程，而且，制定各类国防计划、颁布各项政策的人员需要了解把握国家财政状况，还需要拥有战略眼光和政治头脑，“制服组”显然不适合从事这一高层次的业务。所以防卫厅建立之后，领导层就废止了“制度调查委员会”，改由负责行政事务的内部部局局长组成的“国防会议”来承担这一重任，这些局长清一色都是文官，“制服组”干部被完全排除在防卫决策之外。从此，“国防会议”成为日本最高军事决策机构，直到冷战末期。

2. 积极和平主义

2013 年 12 月 17 日，日本国家安全委员会发布了首部《国家安全保障战略》，其中宣布今后日本国防战略的宗旨在于“实现基于国际合作的积极和平主义”。安倍内阁对于“积极和平主义”是这样定义的：作为国际社会的重要成员，基于国际协调主义立场，为我国国家安全和亚太地区的和平稳定，同时也为促进国际社会的安定与繁荣做出积极贡献。

冷战期间，日本在美国的庇护之下尽享和平红利。1989 年 11 月，冷战的标志——分隔东西德的柏林墙轰然倒塌，当年 12 月，美国总统老布什和苏联总统戈尔巴乔夫在地中海的马耳他岛会晤，宣布冷战终结。于是，东西对峙的坚冰开始

◇ 2015 年 5 月，中谷元防卫大臣访问新加坡

◇ 2015 年 6 月 3 日，日澳防长会谈

融化，不过英国首相撒切尔夫人警告说：“坚冰在刚开始融化时是最危险的。”撒切尔夫人的话很快得到了印证，日本受到了冷战结束后的初次考验。1990 年 8 月 2 日，伊拉克军队入侵科威特并将其吞并。以美国为首的多国部队在取得联合国授权后，于 1991 年 1 月 16 日开始对科威特和伊拉克境内的伊拉克军队发动军事进攻，经过 42 天的空袭和约 100 小时的地面战争，多国部队以较小的代价取得决定性胜利，迫使伊拉克从科威特撤军。日本因宪法限制而无法出兵，只是为多国部队支付了 135 亿美元的军费。后来科威特政府在《纽约时报》上登广告感谢为解放科威特做出贡献的国家，名单里面居然没有日本，而美国政府对日本的评价是“Too Little，Too Late”（“太少了，太迟了”）。就因为没有直接派兵参战，反而受到以美国为首的西方和阿拉伯各国“只出钱不流汗”的指责，日本这个“金主”不仅没有得到国际声望，反而还出力不讨好，对此国内也产生了极大怨言。

在如此形势下切身意识到危机感的自民党设置了以小泽一郎为主席的特别调查委员会（“小泽调查会”），以研究日本应在国际社会发挥怎么的作用。任自民党干事长的小泽一郎，把海湾战争视为“战后黑船来航”的第二次开国，是主张自卫队参加多国部队军事行动的始作俑者。他在之后发表的专著《日本改造计划》

◇ 安倍晋三试乘 10 式坦克

中首次提到日本应作为普通国家而重构防卫战略。“小泽调查会”在提交的答辩报告书中首次提出“积极的能动的和平主义”的说法，指出：“我国的和平宪法限于一国和平主义的困境，虽然宪法前言彰显出为世界和平与经济发展做贡献的精神，但却是不问世事的消极和平主义，我们期待实现积极的能动的和平主义。”此后，“积极和平主义”这个词开始见诸报端并逐渐为相关机构所接受。

这个并非安倍晋三首创的“积极和平主义”的概念旨在达成三大目标，第一，维护日本和平与安全，强化必要的遏制力，防止并有效排除针对日本的直接威胁。第二，强化日美同盟，进一步构筑日美信赖关系，并实质性推进安全领域的全面合作，改善亚太安全环境，最大限度减小对日本的直接威胁。第三，通过持续的外交努力和国际贡献，强化基于普世价值的国际秩序，为致力于解决国际争端发挥主导型作用，为改善全球安全环境做出贡献。为实现上述“积极和平主义”的目标，日本将强化外交力、经济力、技术力和防卫力，增强日本的综合国力，强化日美同盟，拓展与友好国家在外交、防卫领域的伙伴关系，积极参与国际合作，加强国内防卫产业基础。

在安倍内阁看来，日本曾经在世界警察美国的庇护下长期陷于“消极和平主义”

的陷阱，时代已经不允许日本继续维持这样的现状，日本须发挥与自身能力和地位相称的国际责任，所以将“积极和平主义”作为国家战略的基本方向是顺应时代发展的选择。

但问题在于，这个“积极和平主义”能否为普通日本民众所接受需要打个问号。“积极和平主义”这个“造语”蕴含了很多矛盾。和平主义本来是一个消极的概念。宣称“不保持战力”的日本宪法、印度圣雄甘地提倡的“非暴力不合作主义”等等，可以说是典型的和平主义，在国家安全保障领域加上含糊不清的“积极”这一形容词，便大有文章可做，容易让人产生具有攻击性、好战性的印象。与此前日本历届内阁的政策相比，不同之处就在于“积极”二字，这两个字的回旋余地很大，至少透露出两层含义，一层含义在于，是不是意味着在此之前的和平主义全部是“消极的”？而“消极”的原因正是遵循了“和平宪法”。所以“积极和平主义”的提出可能在未来直指修改现行宪法；还有一层含义，单独行动是积极，更好地与美国同步是积极，与周边国家妥善解决争议问题是积极，加快修宪强军步伐从而更好地突破周边困局也是积极……这完全取决于安倍政权对具体问题的具体立场。

◇ 2014 年 7 月 14 日，自卫队参加法国国庆阅兵

在“积极和平主义”的大旗下，现在日本政府对自卫队能力的要求和以前完全不同，要求打造“联合机动防卫力量”，贯彻联合作战思想，确保海上、航空优势以及机动能力，强化指挥管理和情报通信能力、构筑军地一体化合作体制，构筑后方支援体制（教育训练、人事管理、装备研发生产、人才育成），在平时通过情报收集分析生成强大的快反能力，

在战时实现快速反应、持续作战能力，临机迅速且有效地执行多样化行动。

“积极和平主义”这个主张的提出，其真正意图可能在于安倍内阁为日本尽早实现国家正常化，真正成为世界一极力量创造更有利的条件。同时也为日本更好地突破周边外交困局、解决海洋权益争端、最终实现“入常”夙愿等营造良好氛围，制造有利的话语，争取主动的地位。这一立场的提出意味着日本将以更加积极的姿态介入到国际事务的处理和解决当中，其国家安保战略的综合性、针对性和进攻性越来越突出，国家安保体系的组织性越来越完善。

3. 打开的潘多拉魔盒

2014 年 7 月 1 日是自卫队诞生 60 年纪念日，也就在这一天下午，执政的自民党和公民党在第 11 次“安全保障问题审议会”上，以内阁决议的形式变更了关于行使集体自卫权的宪法解释，正式宣布“有条件解禁集体自卫权”。这份整整写了 8 张 A4 纸的内阁决议的发布，标志着今后日本防卫政策或将发生重大转向。

根据《联合国宪章》第 51 条，集体自卫权是指与他国联合排除针对本国武力威胁的权利，如果某国的行动破坏了国际和平与秩序，联合国安理会一旦做出决议认定该国实施了侵略行为，联合国各成员国可合力对该国分阶段实施。制裁从经济制裁和非军事措施开始，如仍未奏效，联合国将实施军事打击。但在联合国采取军事行动之前，相关国家可共同对该国实施武力打击。日本和美国之间签有《日美安全保障条约》，根据该条约，日本为驻日美军提供基地和设施，美军为日本提供安全保障。不过美军如对外作战或受到安全威胁，日本爱莫能助。在此之前，日本的“政府见解”始终是一个基调，即在法理上具备集体自卫权，但禁止行使。这就是此次集体自卫权为何是“解禁”而非“拥有”的原因，因为根据日本政府的说法，日本从来都拥有这个权利。安倍内阁认为这个“政府见解”已经“落后于时代”，应当通过扩展自卫队活动空间的方式与美国建立更为紧密的关系。

冰冻三尺非一日之寒，在 2008 年麻生太郎内阁时代，日本政府 2009 年邀请相关专家成立“安全保障和防卫力量恳谈会”，以便为 2012 年年底前完成的 2010 年至 2014 年度新“防卫计划大纲”提供政策参考。恳谈会向麻生首相提交“恳谈”结果。报告建议 ：第一，修改日本政府有关禁止行使“集体自卫权”的宪法解释；第二，修改“武器出口三原则”；第三，在巩固日美同盟基础上加强日本自身防卫力量等。其实看过这个报告就可以知道，现在安倍内阁的过去一年的各种行动，以及 2014 年 7 月 1 日宣布修改集体自卫权的解释都是在十多年前已经定下的基调，并不是安倍政权一天的功劳。冷战结束后小泉内阁特别提出的“集体自卫权”这个概念，在日本国内更多体现在日本与美国的同盟关系中，日本有关方面提出尤其是“9·11”恐怖袭击事件发生后，美国屡次要求日本行使“集体自卫权”。包括海湾战争中的日本自卫队行动，都曾经被美国指责，所以为了更好地与美国合作就一定要修改集体自卫权的解释。

在内阁决议通过的当天傍晚召开的记者会上，安倍就通过变更关于行使集体自卫权的宪法解释的“重大意义”做了如下说明：“为了守护国民生命与和平的生活，有必要解禁集体自卫权……和平不应由他国和他人给予，除了由我们自己来构筑，别无选择。”这个言论本身并没有太大的问题，但是决议出台后各大媒体对民众进行了问卷调查，赞成和反对者各占一半，就是说安倍的决定并没有得到压倒多数的支持。反对党指责，“行使集体自卫权将使自卫队员流血牺牲”。这一言论并未切中要害，因为 20 余年来随着任务和活动范围的增加，自卫队已经变得和正常军队相差无几，一点一点地接受了战争和死亡，相关制度也正在建立。

国民反对的原因主要有两点，一是不满于安倍做出决议的方式。如此重大的

◇ 记者会上安倍解释日本今后行使集体自卫权的几种情况

政策变动以一纸内阁决议的形式颁布过于简单粗暴，宪法解释的修改有必要经过极其严格的程序和手续方可生效，这个“宪法解释”的立意已经背离了立宪主义精神。二是背离了战后走和平发展道路的方针，是对“吉田路线”的反对。未来“海外派兵”必将进一步常态化，民众有被再次卷入战火的危险，日本兵及其太阳旗有可能再次出现在世界各国，战败前日本可是有着“到处派兵”的历史。防卫大学学员在第一学年结束时便会决定将来去陆、海、空的哪一个自卫队。以前，待遇好的海自是最有人气的。然而，今年报名希望进入海自的学生却只有十几个人（学生总数为 400 名）。也就是说，他们预测到将来日本可能会与周边国家陷入局部战争，所以谁都不想去海自。决议的通过完全无助于改善与周边国家的紧张关系。赞成派的理由如下：一是认为时代变了，宪法解释理应顺应时代潮流而做出变更，而且这一解释的出台是近 20 年来防卫政策调整的必然结果；二是认为在周边安全形势日益恶化的背景下，宪法解释的变更是密切日美同盟，强化同盟整体战斗力的必要举措，而日美同盟遏制力的提升，反而有助于抑制大规模武装冲突，从而为日本争取和平。

对于如何看待解禁集体自卫权的问题，自卫队的反映相当微妙。大多数高级

◇ 民众集会反对解禁集体自卫权（一）

干部认为应当“问计于民”，如果大多数民众同意，自卫队将遵从民众的意见，至今带有“吉田遗训”基因的自卫队希望和国民步调一致。前陆上幕僚长富泽晖指出：“自卫队素来以守法为行动前提，对于具备法理基础和国民一致拥护的国家政策或纲领，自卫队会超乎想象地服从。”在忍耐中负重前行的自卫队面临的精神和肉体压力还在不断积累，“制服组”高层希望，政府要在今后赋予自卫队复杂而严酷的新任务，那么凡是牵涉到自卫队的重大决策应当事先在国会、在民众中充分讨论，得到国民的同意之后再公布，否则，自卫队在民众心目中仍是模糊的存在，仍然得不到认可。已经在“吉田遗训”阴影下默默服役了60年的自卫队，恐怕会在“沉默中爆发”，无法排除自卫队做出像战前战时军部的“暴走”那样的举动。

当然，囿于当前日本的政治形势和国内外舆论，安倍内阁在内阁决议中不得不使用含混不清的“有条件行使”的字眼。在一些包含敏感内容的重大政策的遣词造句上使用模棱两可的字眼可谓日本政府的专业特长，既可堵住舆论之口，又可根据具体情况做出弹性极大的解释，但关键在于什么时候可以行使集体自卫权。安倍政府对此设定了一个前提：即只有满足“与日本关系密切的国家遭到攻击，日本国民的权利因此存在被彻底剥夺的明显危险”等条件时方可行使集体自卫权。也就是说，不仅日本遭受攻击的时候其需要自卫，即使是在远离东瀛万里之外的“友邦”有事，日本感受到权利可能被威胁的危险时刻，其也可以动武。

其一，日本的“友好国家”特别是美国遭到攻击时，日本可以协同作战。以往在美国主导下的战争中，碍于“和平宪法”的限制，日本只能“出钱不出兵”，在美国的背后默默支持，默默奉献；而今，日本有望走向前台，既出钱又出兵，美日军事同盟不再是单纯的美国罩日本，日本也可以理直气壮地说：“此后的军功章上，有你的一半，也有我的一半。”其二，不仅是美国，只要是和日本关系铁的国家，一旦符合安倍设定的条件，日本也将挥舞大棒杀向战场。可问题是，如何界定“日本国民的权利存在被彻底剥夺的明显危险”？“日本国民的权利被彻底剥夺”的标准是什么？只有安倍领衔的“国家安全保障会议”可对此做出判断。这样，安倍既是法律的制定者，同时也是法律的解释者，个中空间安倍可以自由发挥。

安倍还强调，日本即便行使集体自卫权，也不会直接参与战争，只是对他国军队进行后方支援，但是谁都知道一旦打起仗来，进行后方支援也随时可能被攻击。

◇ 民众集会反对解禁集体自卫权

如果日本自卫队展开反击，那与参加战斗还有什么区别，还能说自己是“专守防卫”吗？而且，如果队员在支援盟国的战争中大量伤亡，或者因支援前方作战，日本受到恐怖袭击，恐怕安倍首相也不会承担任何责任。他可能还会在台上高喊“不要让日本自卫队员有尊严的死变得没有价值，绝对不能允许恐怖袭击，一定要报复”之类的话，这就顺理成章地升级了战争。这样一来，安倍或许永远不会“失算”，但是他积极参与战争的行为肯定会遭到历史的清算。

在 2007 年安倍内阁执政期间也发生过同样的事情。当时的安倍首相希望强行修改宪法，但是舆论调查结果显示，国民对于“修改宪法”的关心程度只排在第 13 位，“恢复景气”才是众望所归。当国民们对于经济低迷充满了失望，他们剑拔弩张，直指安倍，导致他身心俱疲，最终无奈放弃了政权。由于这个前车之鉴，此次，安倍首相将国民最关心的景气问题放在了最优先的位置，以安倍经济学消除了国民对于景气的担忧。并且，由于事先预想到国民对“修改宪法”会有很大的抵触，因此他改变了战略，将“修改宪法”变更为“修改宪法解释”，以此来缓解国民的反感。

当安倍内阁意欲修改集体自卫权的宪法解释时，日本媒体普遍认为，这只是一个信号，所谓集体自卫权并不会马上行使，必须在修改了由1个新立法和10个修正法组成的新“安保法案”后，日本才会真正派兵赴海外作战，而“安保法案”的通过将是一个艰难的过程。

然而令大多数人始料未及的是，在安倍内阁变更解禁集体自卫权的宪法解释仅仅一年之后，国会众参两院即于2015年7月和9月先后通过了“安保法案”，其核心内容主要围绕如何行使集体自卫权和扩大自卫队海外行动自由度而展开。“安保法案”由“和平安全法制整备法案”和“国际和平支援法案”两大部分组成，前者包括《武力攻击暨存亡危机事态法》、《重要影响事态安全确保法》、《联合国维和行动合作法》、《自卫队法》、《船舶检查活动法》、《美军行动关联措施法》、《特定公共设施利用法》、《海上运输规制法》、《俘虏处理法》、《国家安全保障会议设置法》10部新修改的法案。其中《武力攻击暨存亡危机事态法》是在原《武力攻击事态法》基础上修改而成，增加行使集体自卫权的条件，明确即使自身未受攻击，如“友好国家”受到攻击，自卫队也可对他国行使武力。《重要影响事态安全确保法》是由原《周边事态法》修改而来，明确规定取消自卫队对于美军作战支援的地理限制。

◇　安倍解禁集体自卫权，希冀将来自卫队独立作战

◇ 民众集会反对解禁集体自卫权

◇ 在野党议员全体中途离席，抗议对《安保法案》投票

◇ 执政党和在野党议员因安保法案表决产生肢体冲突

《国际和平支援法案》是此次唯一新制定的法案，规定政府可在事先获得国会批准的前提下向全球派兵。此前自卫队若要被派赴海外，须临时制定相关临时法案，而《国际和平支援法案》则是永久性法律。从此，自卫队或将常态化向海外派兵，而不只是为其他国家军队提供后方支援。可以说，安倍为修改“和平宪法”又迈出重要一步。

随着美国综合国力的衰退，其军事力量在西太平洋逐渐退潮，对日本产生了填补真空的要求，而日本也表现出利用这一机会在亚洲重建政治话语权的企图，自卫队便是其一个重要砝码。日本战后上任40余名首相何尝不想恢复“大日本帝国”的昔日荣光，只是不敢冒天下之大不韪，而今，安倍终于迈出了“勇敢”的一步。在历经战后70年的今天，很多日本政治精英认为，不战而屈人之兵的“和平宪法”已经完成了韬光养晦的历史使命，再次成为一个政治、军事的大国才是日本未来的方向。

但是在日本自卫队成立60周年之际，安倍及其支持者似乎是忘记或故意忽略了当年最早提出成立自卫队的吉田茂首相对行使集体自卫权的看法。当时吉田率领的自由党在国会众议院拥有270席，而最大的在野党民主党才80席，但吉田茂

◇ 民众集会反对解禁集体自卫权

◇ 日本国会议事堂

断然否定了日本行使集体自卫权的可能性。变更关于行使集体自卫权的宪法解释或许使日本向正常国家迈进了一步，但是福还是祸将由历史评判。

4. 从“武器输出三原则”到“装备出口三原则”

日本的高端装备制造业非常发达，日本在不少领域中保持着世界领先的地位，唯独在武器市场上看不到“日本制造”的踪影，这是因为“武器输出三原则”（以下简称“三原则”）禁止了日本从事军火贸易。与日本人习惯于模棱两可地说话不一样，这个“三原则”措辞还特别清晰响亮，把自己的路给堵得严严实实。这个“三原则”最初是安倍晋三外公岸信介的亲弟弟佐藤荣作提出来的。1967 年，佐藤荣作首相在众议院决算委员会进行答辩时提出关于武器出口的三大原则：（1）不向共产主义国家出口；（2）不向联合国决议禁运武器的国家出口；（3）不向国际争端的当事国或有可能成为争端当事者的国家出口。但他同时也留了些余地，表示“禁止研发生产以出口为目的的武器装备，不过在不违背《出口贸易管理令》的范围内可以出口”，也就是说，日本政府禁止的并不是武器出口这件事情本身。

1976 年，三木武夫内阁公布了首份《防卫计划大纲》，并表示从此将年度防卫预算控制在当年国内生产总值（GNP）的 1% 以内，为了显示其和平反战的“鸽派”色彩，在坚持“三原则”的同时，又进了一步，表示对于这三种地区以外也不出售武器。他在当年众议院预算委员会答辩会上发表了如下四点意见：“第一，不认可向‘三原则’认定地区出口武器；第二，对于对‘三原则’以外地域武器的出口，须基于宪法和对外贸易管理法的精神慎重对待；第三，与武器制造相关的机器设备视同于武器，相关出口规定依据‘三原则’处理；第四，所谓武器是指军队使用的直接用于战斗的各型装备，也指自身搭载火器，以人员杀伤、物体破坏为目的的护卫舰、战斗机、坦克和自行火炮等装备。”这无疑成为“三原则”的 2.0 加强版，等于向全世界宣告了日本绝不从事军火以及军工技术的有关贸易。

1981 年，发生了所谓“堀田事件”，钢铁企业堀田会社在未得到通商产业省同意的情况下擅自将半成品的榴弹炮炮管出口到韩国。此事被发觉后立刻受到日本政府警告，并于同年 3 月正式拟制公布《关于武器输出问题的内阁决议》。这个“武器输出三原则”的 3.0 版事实上表明日本全面禁止向任何国家出口武器和相关技术。

由于日美同盟的存在，部分与美国有关的武器及技术出口不在“三原则”适用范围之内。1983 年 11 月，日本与美国签署《关于对美提供装备技术的协议》，从此日本可向美军提供装备技术，此后日本在反导领域陆续向美国出口了 20 项关键技术和装备。从 1997 年到 2007 年，日本又以各种“特殊原因”向相关国家出口了清除杀伤性地雷技术、后勤补给装备、巡逻艇等多项技术和武器装备。总体而言，这些年来除了与美国有关的个别武器出口项目采取了例外允许的方式之外，日本确实遵守了这一允诺，没有向美国之外的国家和地区提供军火以及军工技术。

在坚持了数十年之后，日本的执政者最终认为“三原则”已落后于时代，应制定新原则以应对安全环境的变化。如不及时修改，日本或陷于不利境地。首先，武器装备共同研发已成为国际主流，“三原则”已然成为阻碍日本参与和他国开展装备联合研发的主要障碍，日本不可逆潮流而动。当前自卫队装备大部分由国内企业自主研发生产或引进许可证生产，如此一来，除美国之外，日本无法与其他国家开展装备合作。进入本世纪以来，在防卫产业界，要求政府放开与其他国家进行装备合作限制的呼声日益高涨。其次，对“三原则”的遵循导致装备采购价格居高不下。因“三原则”的确立，国内企业生产的装备只能卖给自卫队，而对于防卫产业界庞大的生产能力而言，自卫队对于武器装备的需求量简直是微不

◇ 日本防卫产业界具有雄厚技术实力

◇ 日本研发的 US-2 水上飞机即将出口到澳大利亚

足道，这直接导致生产成本和自卫队采购价格居高不下，自卫队的军舰、坦克和战机的采购价始终保持世界最高。而雪上加霜的是，冷战之后自卫队的装备采购数量总体呈下降趋势。订单的减少使得中小企业无法维持既有的研发和生产体制而纷纷倒闭，而这有可能引发装备技术积累的中断和研发人才梯队的断层，这才是防卫产业界和自卫队高层最担心的一点。

到了 2009 至 2012 年期间的民主党执政时代，要求修改“三原则”、允许向国外特别是发展中国家出口武器的呼声越来越高。为响应防卫产业界，菅直人内阁在拟制《2011 年以后的防卫计划大纲》时本想将修改“三原则”的措辞写进该大纲，但由于同为执政联盟的社会民主党的激烈反对，这个计划胎死腹中。继任的野田佳彦内阁曾表示可解禁用于人道主义援助的装备品的出口，但没有采取进一步的具体落实措施。

2012 年底第二次安倍晋三内阁成立后，便立即着手就废止“三原则”进行实质性研究。2013 年 9 月，当时的防卫大臣小野寺五典发布讲话，指出尖端装备由各国共同研发已是国际主流，而日本仍身处这样的潮流之外，为此须对“三原则”做彻底修正。于是 2014 年 4 月 1 日，安倍内阁发布内阁决议，新的“防卫装备出口三原则”（以下简称“新‘三原则’”）取“武器输出三原则”而代之。新“三原则”规定：（1）不允许向争端当事国或在违反联合国决议的情况下出口（转移）；（2）仅限在有利于做出和平贡献和有助于日本的安全的情况下允许出口，在确保透明度的同时进行严格审查；（3）仅在能够确保妥善管理的情况下允许出口的武器被用于其他目的或转至第三国。对此日本政府进行了解释，认为“装备品”要实现出口，必须确保事前的严格审查和出口后的妥善管理，对此国家安全保障局将联合经济产业省等相关省厅进行审查，必要时可将审查机构升级为NSC局长级会议。新“三原则”可向海上交通要道的沿岸国家出口武器，不过须以救援、运输、扫雷等为目的的“装备品”为主要出口产品。

新“三原则”出台的影响是非常深远的，得到了防卫产业界和自卫队的极大欢迎，效果可谓立竿见影。新“三原则”通过的三个月之内，订单就纷至沓来。虽然日本一下子不可能走那么远，但这样一来起码是可以堂而皇之地对于盟国出售武器了，当然现在武器出口的重点还是在一些可以应用于民生的军用产品上，

◇ 陆自街头训练遭民众抗议

比如与英国共同研发生产化学防护服、出售给法国无人潜艇、与澳大利亚就 US-2 水上飞机和“苍龙”级潜艇发动机技术进行采购谈判。

2014 巴黎维勒班特国际展览中心举行了两年一度的欧洲防务展览，这个展览在当年最大的新鲜事就是新建了一个日本展台，包括三菱重工、川崎重工、日立、富士通、东芝、日本电气、NEC 等知名企业在内的 10 多家日本企业参展。展出产品多为军用重型机械装备，包括三菱重工的装甲车、日立的军民两用浮桥和扫雷机械、川崎重工的扫雷设备和轻便摩托等，虽然以军民两用形式展示，但也试图说明其极易转为军用。平心而论，日本展台无论从军备专业还是科技水平上看都是一流的，显然经过精心策划和筹备，丝毫没有刚摆脱束缚和初来乍到的羞羞答答，也没有怕人联想其不光彩军国主义历史的遮遮掩掩。日本企业虽是首次参展，但已决心以此次展会为开端，展现其军工生产的水平与实力。因为必须通过日本政府批准才能销售，所以销售似乎不是参展的首要目的，展台提供的产品介绍上没有任何标价，“亮相”才是最重要的目的。日本政府此次召集如此众多国际知名企业参展，是想让全世界相信：日本是正常国家。

武器出口的解禁对于日本来说受益匪浅，首先是能够给从事军工生产的大企业打开一个巨大市场，如果能够成功的话，依附于这些大企业的中小企业也可以得到一些实惠。其次就是有利于扩充军备。日本一直想以东亚地区的紧张形势作为理由而扩充军备，但一直有阻力，一来不容易得到国民的赞同，二来日本不景气的经济也无法支持其和其他国家进行大规模的军备竞赛。但如果依靠打开武器市场而加大武器生产批量的话就可以降低武器采购成本，这样就可以在不增加防卫开支的前提下购置更多的武器。事实是日本能够研发自己需要的绝大多数武器，仅仅是因为生产批量太小而使得自卫队的武器采购成本是国际市场价格的 2—3 倍。再次，可利用解禁武器出口的契机提升全社会整体科技研发水平，做到将先进技术藏之于民。防卫省已敲定了新的防卫产业扶植战略，其中一条就是为了维持和培养防卫产业及相关技术，防卫省要深化与大学及研究机构的合作，以挖掘能应用于军事技术的民生技术，当前自卫队和部分大型军工企业已开始把技术研发任务委托给日本各大著名高校。

5. 令人警惕的“未雨绸缪”

自从安倍政府变更关于行使集体自卫权的宪法解释后，日本自卫队开始异常兴奋起来。自卫队不仅开始开展大规模具有针对性的军事演习，最近甚至“未雨绸缪”，准备演练如何处理抓获的战俘，建立一整套处理体系。在2015年下半年实施的三军联合演习计划中，防卫省联合参谋部甚至加入了“自卫队抓获战俘收容所”的内容，今后防卫省还将建立跨部门的“战俘情报局”，并确定联合运作方式。

国际人道法《日内瓦公约》中严格规定了俘虏的待遇，如果违反将有可能发展为重大的国际问题，因此多数国家都有接收俘虏的准备措施。2004年，日本制定了《俘虏处理法》，其中规定“自卫队有义务向俘虏提供食物、饮用水及适当的医疗设施，还要保持收容设施内的纪律，并要求对待俘虏时要充分考虑宗教等因素”。2006年3月，联合参谋部成立后，以“国际人道业务室”为核心，一直在研究处理战俘的方法。此次在三军联合演习中加入与战俘相关的内容，就是为了检验这些方法是否能运用于实战。

以前在“和平宪法”的束缚下，日本与他国发生战争的可能性很小，设置“战俘收容所”实无必要。但是随着安倍打开行使集体自卫权的大门，日本随时可能主动参与战争，设置“战俘收容所”并检验其效率显得刻不容缓。当然，仅有“战俘收容所”肯定是不够的，还需要配套机构，因此“战俘情报局”必不可少。日本即将设立的“战俘情报局”准备通过设在中立国的“中央战俘局”，与各国交换战俘信息，答复有关战俘的全部咨询。防卫省认为，日本从来没有建立和演练过相关体制，因此有必要联合其他省厅，以国家的名义来一次综合大演习，以防止到时候乱了手脚。

其实，联合参谋部从2006年起就启动了相关的“国际人道业务训练”。该部将陆海空自卫队各自的课题集中在一起，采用讲座的形式，向三军普及相关规则及法令。2008年，该部又利用陆自的驻地，增加了设置“模拟战俘收容所”的实战演习，并按照联合作战原则不断完善相关体系。2013年11月的“自卫队联合实战演习（JX25）”中，首次加入了处理战俘的实战训练内容。陆海空自卫队联合操练了战俘的抓获、移送、认定等整套流程。这个演习以岛屿防卫为目的，在九州和冲绳的海域、空域举行，约3万名自卫队员参加。演习中，自卫队认定遭到武力攻击后，海自抓获了战俘，并通过陆海空自卫队相互配合将战俘移送到那霸。此后由空自西南航空混成团司令核实战俘身份后，陆自15旅团设立战俘收容所进行关押管理。联合参谋部认为，有效处理战俘是顺利完成战斗任务的保障，虽然不知道日本什么时候会遭到武力攻击，但提前做好准备、建立完善的战俘对应体系非常重要。可是，如果没有战争哪来战俘？

二、水静流深的防卫省改革

1.“作战色彩”取代“协商色彩”：联合参谋部的诞生

1954年组建的统合幕僚会议是一个协商性机构，负责拟订和调整自卫队作战、训练和后勤计划。可是在统合幕僚会议运作过程中逐渐暴露出了一些问题。陆海空自卫队分别有其幕僚监部，防卫厅长官的命令要分别通过陆海空自卫队的幕僚长下达，在处理日常重要事务过程中，各幕僚长几乎和统合幕僚会议议长享有平等的发言权，常常为了谋求个人前程、抬高本军种地位、争夺经费等一己私利产生矛盾和分歧，有时还会吵得不可开交。在有联合作战或训练任务时，统合幕僚会议必须临时拼凑指挥机关，缺乏总体协调和长效机制，无法实施坚强的领导，

◇ 防卫省大门

所以各自卫队在执行任务时都是各自为战，相互之间不进行有效协同配合的情况时有发生。

随着冷战的终结，自卫队获得了越来越多的“工作机会”，不但加强自身的调整建设，还开始以做出“国际贡献”的名义重返国际舞台，这使得指挥低效、协调混乱的问题变得更加突出。为了改变这种状况，防卫厅开始推动自卫队指挥系统的一体化建设，于 2006 年 3 月 27 日废止了原本“协商色彩”较浓的统合幕僚会议，成立了具有浓郁“作战色彩”的统合幕僚监部。这一举措和不久之后防卫厅升格成防卫省一起，成为自卫队军事转型变革的重头戏。

统合幕僚监部的创设标志着自卫队有了名副其实的军令系统，很有总参谋部

◇ 日本实行“文官治军”制度，首相拥有自卫队最高指挥权。

的味道。统合幕僚监部的长官为正副统合幕僚长，原统合幕僚会议议长先崎一顺理成章地升级成第一任统合幕僚长，在自卫队指挥体系中的地位仅次于首相和防卫厅长官（防卫大臣），排名第三。统合幕僚监部下设总务、作战、防卫计划和指挥通信系统四大部门，还设置了新闻发言人，编制人员 500 人。作为常设机构，统合幕僚监部有配套的幕僚班子，还负责制定严格的条令条例和各项工作制度。防卫厅成立统合幕僚监部的初衷是想让部队的联合训练、演习都由统合幕僚监部统筹安排，这样一来，自卫队指挥体制的“审议—决策—命令—执行”四个环节得以打通，以实现指挥系统的一体化运作。除了有自己的编制机构外，统合幕僚监部下面还有直属的“统合任务部队”，这个部队从陆海空自卫队抽调人员组成，主要任务是应对导弹威胁、大规模自然灾害、恐怖袭击和海外紧急救援。

在统合幕僚监部成立前，并没有赋予自卫队高官跨军种指挥部队的权力。甚至包括统合幕僚会议议长和陆海空幕僚长，虽是自卫队级别最高的四个人，但却没有指挥权，仅仅是担任防卫厅长官的幕僚，防卫厅长官可以跨过他们直接对陆自各方面队总监、海自自卫舰队长官和空自三个航空方面队长官发号施令。

从实际运作来看，统合幕僚监部的设置基本达成了目标，自卫队的建设得以在较为科学的设计规划之下展开，少走了弯路，不但增强了自卫队的行动效率，对救灾、作战等紧急情况能够做出迅速高效的反应，提升了三大自卫队之间的联合作战能力，而且也促进了陆海空之间的干部交流和人才培养，对自卫队的长远发展是有利的。

其实仔细研读日本近现代军事史的话，可以惊异地发现成立“总参谋部”一事并不是没有先例。早在 19 世纪 80 年代的伊藤博文内阁时期，日本曾经有过成立陆海军联合参谋本部的尝试，首任也是唯一一任参谋总长是陆军大将有栖川宫炽仁亲王，该机构下设陆军部和海军部。但这个联合参谋本部可谓昙花一现，只存在两年就夭折了，主要原因还是在于陆海军之间根深蒂固的矛盾。特别是海军很不满意，因为参谋总长是陆军，在海军看来显得海军要归陆军管，低了陆军一等，于是“总参谋部”不到两年就解散了，陆海军回到了各自为政的状态。从当时世界各国的实践来看，还没有哪个国家成立过类似的部门，将陆海军撮合到一起的想法在当时是颇为先进的，甚至是十分超前的。实际上处于机械化建设初期的各国陆海军之间还不存在很强烈的联合作战等需求，这也从客观上决定了联合参谋本部必然是一个短命的机构，既是“先驱”又是“先烈”。而在信息化的今天，升级版“联合参谋本部”的创建符合部队建设和作战的需要，是顺应自卫队发展内在逻辑的。

2. 防卫参事官制度的终结

自卫队诞生时设立的参事官制度变相提高了防卫省内局文职官僚的地位，“制服组”的不爽可想而知，他们时常郁闷地表示，这不是“文官治军”而是“内局治军”，认为自己从来都不应该从属于内局，而应由政治家直接领导。由于这种制度架构，防卫厅（省）经常出现“外行”指挥“内行”的局面，而“西服组”也经常会在装备采购上曝出贪腐丑闻。

经过 50 多年的发展演变，凸显东瀛特色的“文官治军”体制终于到了面临变革的时候了。

防卫省于 2008 年底曾开展过改革尝试，当时僵化的体制导致贪腐、误伤、泄密等各类恶性事故频发，官兵士气空前低落，为革除体制弊端，各方都认识到对防卫省和自卫队组织机构实施系统改造已迫在眉睫。为此防卫省提出了改造内部部局（是多个业务局的统称，简称“内局”）、加强自卫队权限、推进军政军令系统职能分离等多项构想。改革本打算于 2009、2010 年全面铺开，但改革计划一经公布就广遭批评，也由于 2009 年 9 月自民党这一“百年老店”被民主党掀翻，该党上台后紧急叫停了所有改革进程。

值得一提的是，上一轮改革并非一事无成，最大的“成果”莫过于在 2009 年废止了一项制约自卫队干部的制度——防卫参事官制度。该制度确立于自卫队诞生之初，根据 1954 年的《防卫厅设置法》，参事官是指“围绕相关事务制定基本方针时辅佐长官的官员”，该法还规定参事官必须是文官，只有防卫省内局清一色的文职官员才有权向防卫大臣建言献策、参与日常管理。防卫参事官人数通常保持在 10 人左右，全部由内局所属的大臣办公厅主任和各局局长兼任，这样就变相提高了内局局长们的地位，使他们的权限和地位事实上凌驾于幕僚长之上。这样的制度安排使得自卫队将领被排除在防卫事务决策层之外。通过防卫参事官制度将“制服组”（系自卫队干部的统称）和“西服组”（系防卫省文官的统称）的关系明确写入法律，的确“走在了时代前列”，它实际上是出于防止战前军部绑架政府而重蹈战争惨祸的精心设计考量，这一制度的确立也使得战后日本“文官治军”体制由此奠基。从此以后，凡重要事项，全部由参事官组成的委员会做出决定，只要“制服组”和“西服组”发生争执，“制服组”不可能有胜算。

2009年，防卫参事官制度被废除，设立不超过3个人的“大臣辅佐官”来担任防卫大臣助手的角色，而“大臣辅佐官”是“西服组”还是“制服组”，完全由防卫大臣自主挑选。这一制度的废除意味着“西服组”掌控“制服组”的局面出现大幅松动，再进一步而言，它预示着“制服组”对防卫政策制定介入的常态化。

3. 收走文官调兵权，实现“文武混编”

2012年12月16日，自民党在选举中胜出，重新夺回政权，再次上台执政的安倍内阁提出了“积极和平主义”的国家战略和“精兵卫国”的军备建设构想。为实现上述目标，安倍内阁期待防卫省及下属的自卫队通过组织机构的深层次重组改编做出积极响应，首先，便是力图重构防卫省组织文化，在所有关键部门实现“文武混编”。

二战结束后，出于对日本发展军事力量的限制和防止重犯战前战时军人干政

◇ 日本民众游行抗议国会通过《特定秘密保护法》

◇ 第二次安倍内阁的大臣们

的错误，在美国主导下，日本政府对自卫队实行严厉的“文官治军”制度。在政治领导层面，由文职首相和防卫大臣指挥自卫队；在防卫省内部，由不穿军装的文职官员组成的内局负责政策制定和自卫队人事任命，而自卫队指挥管理部门——联合参谋部（2006 年前为“参谋长联席会议”）仅仅按照内局指令制定自卫队的具体行动计划并开展日常工作。

从自卫队诞生之日起，防卫省内部就构筑起了内局主导、联合参谋部从属的组织文化，虽然联合参谋部掌管着自卫队部署及行动计划，但自卫队并不拥有全部作战指挥权，而必须在内局领导下执行任务。自卫队经常抱怨“被绑住了手脚”，并指责文职官员在自身并不熟悉的军事领域指手画脚，文武对立的组织文化矛盾重重。为增强防卫省管理层的凝聚力，重构组织文化，消除文职官员和自卫队干部之间相互割裂和对立状态，防卫省从 2014 年末起在内局和自卫队大部分管理机关推行“文武混编”制度。即在防卫政策局等核心部门试点设置“制服组”编制，同时在各幕僚监部和骨干部队设立文职管理岗位，通过这种方式实现“相互配置”，实现职责分担，逐渐弥合分歧，使双方在政策制定、作战指挥领域达成共同认识，最终融为一体，进而整体提高机构日常运行效率。防卫省计划到 2015 年底在内局设置 3 名高级干部职位，军衔为“一等佐”（相当于上校），在联合参谋部和陆海空参谋部设置了部分高级文职管理岗位。比如，计划在联合参谋部设立副长级别的“日本民众游行抗议国会通过《特定秘密保护法》文官职位，掌管作战法令政策和对外宣传联络，以达到文武融合的目的，同时设立若干中层文官职位以辅佐“政策总监”。

“文武混编”初步完成之后，自卫队干部依附于文职官员的传统架构必将出现重大变动，这也意味着执掌政策制定、人事任免大权的内局将不再为文职官员所独占，自卫队干部将大举进入内局这一决策核心部门，自卫队干部将拥有部分制定防卫政策的权限。“文武混编”的实质是文职官员权限地位的削弱，内局和各参谋部将共同成为支撑政策制定的两大支柱，以后将很难会出现文官决策、武官执行的局面，而是由“文官治军”转向“军政一体”。内局官员普遍担心，文职官员有可能随着改革的深入被进一步排除出决策系统之外，而联合参谋部的权限却与日俱增，最终甚至可能恢复像战前日本军部那样的军事系统。

收走文职官员部队的调动权和指挥权是防卫省改革的核心。对于自卫队军事行动的指挥管理，目前事实上存在两个系统，一个是内局下属的作战计划局（日本称“运用企划局”），该机构不但负责人事、行政等事务，也制定各级自卫队调动和演习计划，还拥有部分调兵权。与此同时自卫队还设置了专门负责作战指挥的联合参谋部，两大管理系统的职能形成了重叠。迄今为止，所有关于部队调动和演习训练等军事行动的方案命令都须由内局的作战计划局和自卫队的联合参谋部协商后确定，而并非由联合参谋部单方面决定，防卫省认为两大部门在职能权限上的交叉重叠和权责不清导致相互扯皮，影响了速度和效率。

为提升指挥管理效能以及自卫队综合战斗力，防卫省决定对各机构职能进行重新布局，力图像“普通国家”那样对军队实施一元化管理，使自卫队行动更加专业快速，有效应对周边紧张形势。具体构想是计划取消文职官员掌控的作战计划局，将自卫队指挥权统一交由联合参谋部全权负责，避免功能重复、部署混乱的问题。防卫省计划在今年正式让作战计划局这一内局核心部门寿终正寝，废止后该局将被改造为主要负责实施网络电磁空间战的机构，而所有关于作战训练的法令起草、立案等业务全部移交联合参谋部。此举一旦成为现实，意味着所有演习和有关部队行动的命令不再需要内局和联合参谋部两个部门协调，只需联合参谋部直接决定即可。此举相当程度削弱了“文官治军”的基础，实际上是在挑战实行 60 年的“文官治军”体制。这样一来，联合参谋部或将升级为政策的制定者。与这个趋势相反的是，文职官员调动部队的权力将被收走，诸如派遣飞机、舰船实施“警戒监视行动”等决策将完全由自卫队负责，而在此之前这样的行动需要内局文官的审批。防卫省认为此举是出于避免内局和联合参谋部之间业务重复弊端的考量，有利于在紧急事态下做出迅速反应以有效应对周边紧张局势。

确保“文官治军”体制不动摇和防止自卫队干部权力膨胀，理应成为防卫省改革的出发点，但从改革的实际举措不难看出，虽然日本政府声称“仍将坚持文官治军原则”，但从现实来看，相当程度削弱了“文官治军”的基础，不排除防卫省内局决策系统日益空洞化的危险。

4. 确保联合作战效能最佳化，新设“防卫装备厅”

根据防卫省机构改革相关内部文件，还将新设超越陆海空军种层面的“防卫装备厅”。从某种程度而言，成立该机构也是信息化军事变革背景下实施实质性联合作战的必然要求。在装备发展领域，随着科技的进步，武器装备的发展使得陆海空军种的界限变得日益模糊，无人机、导弹、直升机已经突破军种的藩篱而成为所有军种通用的装备。在作战指挥领域，巡航导弹和弹道导弹业已成为陆海空共同的威胁，如果不发挥三大军种各自优势开展实时、高精度的联合作战，将

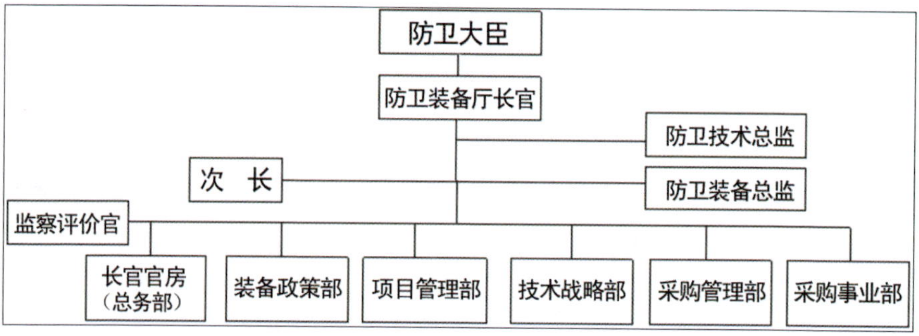

◇ 正在创设中的防卫装备厅组织机构示意图

难以妥善应对。

而当前与装备采购相关的职能机构分散于三大自卫队相关装备管理部门以及防卫省内局、装备设施本部、技术研究本部等机构。由于各部门各自为战，条块分割，造成采购成本居高不下和重复采购而遭诟病，无法满足联合作战之需，也使得防卫省难以完全控制各部队的装备采购。为此防卫省希望将分散的各部门整合调整为一个新机构，以实现对装备招标、研发、生产、采购、报废等整个流程的专业化、一元化管理，确保公正透明，最终目标是通过装备采购的合理化实现作战效能“整体最佳化”。为此防卫省要求各部门须摒弃装备采购管理领域的地方保护主义，从更高的站位来考虑问题。

组建“防卫装备厅”一事于 2015 年启动实施，对于这一构想，防卫省很多人担心这一机构可能因权限过大而产生新的弊端。2007 年之前，防卫省曾设立过“装备审查会议”这一机构，但由于该机构存在大量渎职和内幕交易行为，最终被撤销。该会议负责对武器装备的采购进行审查，议长由时任防卫事务次官守屋武昌担任。而此人成为了防卫省成立以来最大的贪官。2003 年，装备审查会议批准采用美国 GE 公司生产的 CF6-80C2 型发动机作为空自新一代运输机（CX）的引擎。按照正常程序，采用哪个公司的发动机必须由英国、德国和 GE 公司之间的竞争结果来确定，而且事先要由防卫省技术研究总部和航空幕僚监部的主管处长组成 CX 发动机选定委员提出报告，再报装备审查会议批准后才能尘埃落定。当时有“防卫省的天皇”这一外号之称的守屋武昌在防卫省一手遮天，CX 发动机选定委员会的报告被守屋私自压下，没有向航空幕僚监部通报，而自己则接受了 GE 公司巨额贿赂，并一言堂地决定将空自新一代运输机引擎交付该公司研发生产。这一事件最终于 2007 年 11 月被媒体曝光，守屋武昌因受贿罪被逮捕。

有了“守屋武昌事件”的教训，很多人对“防卫装备厅”设立后如何防止贪腐事件死灰复燃，并确保机构顺畅运行心存疑虑。2015 年度日本防卫预算将比 2014 年度增加 2%，达 4.89 万亿日元，该机构运行后，将掌管高达 2.1 万亿日元的装备采购费，如何在增强装备采购的合理性，提升效率并降低采购成本的同时，保证整个流程的公正透明，将是一个巨大挑战。

5. 尝试组建“陆上总队”和联合部队

一方面，在机构改革大致完成后，防卫省将实施长期计划，即以联合作战效能最佳化为目标牵引，对自卫队整体编制体制做出重构。另一方面，在陆自新设“陆上总队”。这一改革构想由来已久，联合参谋部认为，海自联合舰队是负责日本海上作战的最高军令部门，而航空总队是负责航空作战的最高军令部门，唯独陆自未设置统一指挥作战的军令部门，因而造成两大弊端。一是防卫省做出军事决策时，因无对口的能够听取意见的具体军令机构，造成沟通协调上的诸多不便；二是不利于实施陆海空联合作战。当前陆自分为五个独立的方面队（相当于“军”），每个方面队架构十分庞杂，不但辖有战斗部队，还有补给部门、教导队、军事院校、军地合作部门等，方面队在职能任务上从作战训练到物资采购、队员招募不一而足，造成管理上极大的负担。

防卫省的具体想法是，削弱部分方面队的职能，将原属于各方面队的实战部队从前者剥离出来，全部纳入陆上总队司令部指挥，其他非战斗单位仍归方面队管辖，同时废止由陆上参谋部直属的中央快反集团。原集团属下的第 1 伞兵团、

◇ 陆自正在组建“陆上总队”司令部

◇ 民众列队欢迎完成救灾任务的自卫队员

第 1 武装直升机团以及正在编练的两栖作战团或纳入新建的陆上总队，成为其直属部队。不过反对意见指出，该机构在厘定作战指挥方案时，必然会以和陆上参谋部同样的视角和立场来考虑问题，两者功能重叠，陆上总队的设置显得多此一举。

战时组建联合作战部队，新设“联合司令官”职位。一方面，为在任何情况下都保有具备强大战斗力、能够发挥作战效能的部队，防卫省计划在战时（和平时期仍运行现行编制）将所有自卫队主战部队统一改编为联合任务部队。作为中长期改革计划，目前细化方案尚未正式出台，不过自卫队管理层已达成共识，目前的主流意见为：根据地域和受威胁程度的原则组建联合作战部队，将现有不同军种的主战部队进行有序混编，重组为“北部方面联合集团”、“中部方面联合集团”、“西南方面联合集团”，每个联合集团均含有陆海空作战力量。此外，新建“联合导弹防御集团”，下设导弹防御舰队和防空导弹群，将导弹防御任务统归于该集团负责。另一方面，为适应部队编制调整之需，防卫省明确将新设“联合司令官”的职位，该职位仅次于联合参谋长，将统一指挥三大自卫队所有实战部队或上述“联合集团”。

上述步骤一旦成为现实，“军政”、“军令”系统将进一步分离，文职官员对自卫队的领导权将进一步削弱，这一幕不能不让人感到与战前的似曾相识。联合司令部成立后，联合任务部队司令官将在联合参谋长和防卫大臣领导下对自卫队实战部队实施统一指挥，而各自卫队参谋长的指挥权基本被取消，只负责管理、训练、采购等行政事务。改革完成后，“军政”和“军令”两大系统将各司其职，自卫队将加速向军队转变，大幅拓展独立活动权限和范围。

第五章 没有军队的军事强国

一、尚武的民族

毋庸讳言，日本是世界上少有的尚武民族。从民族生存发展的角度考虑，尚武是一个民族必不可少的可贵素质，尤其对于一个小民族来说更是如此。戴季陶曾经指出："一个小民族要想发展进步，尚武是最必要的习性。"很多日本作家写过类似《日本的沉没》这样的书，主要表达一种思想，如果大和民族不努力奋斗，很可能要总体灭亡。

任何一个国家都应该唤醒民族精神，增强民族忧患意识，可是如果宣传过了头，比如宣扬生存空间狭小，应该夺占生存空间，就变成了一种赤裸裸的侵略思想。尽管不少日本人一再声称自身是世界上"最热爱和平、最温和的民族"，却无法掩盖这个民族尚武好战的本性。野蛮好斗实乃这一岛国民族的根性，武士道产生于东瀛绝非偶然。日本在近代史异乎寻常的表现更是证明了这一点。自 19 世纪末至二战结束的半个世纪里，日本发动三次大规模对外战争，先后吞并朝鲜、中国台湾和东北，一度夺取整个东南亚，将版图整整扩大了数倍。

从当下的情况看，尚武精神仍是日本民族精神中一个重要组成部分，不过它并非只是由战前的军部独裁统治所培养出来的，而是历史传统造成的。在日本，一到端午节，有男孩的家庭一般会在家门口竖起鲤鱼旗和装饰物，在房间里摆上武士木偶、甲胄、刀等等，祝福孩子茁壮成长。端午节起源于中国，在韩国等地

◇ 日本家庭在端午节有挂鲤鱼旗的风俗

也有类似的节日，可只有日本在端午节会摆上武器和武士木偶，这正是日本人富于尚武精神的表现。挂鲤鱼旗是日本父母祝福孩子能够“鲤鱼跳龙门”，出人头地，刀和甲胄则反映了父母希望孩子成为坚强勇敢的武士。

日本不仅是个弹丸小国，也是文明社会的晚进者，岛国的封闭性使日本人长期保留了原始氏族社会遗传下来的杀伐气和好战性格。即使当时的实际统治者中大兄皇子（即后来的天智天皇）从公元645年起推行大化改新，此后的日本长期接受中国的政治制度和儒家文化，但好战本性仍最大限度地沉淀在日本人的血液中。

日本的尚武精神部分也可追溯自唐朝，因为唐朝具备武家社会的雏形，李白、杜甫这些诗人的腰间都有佩剑，否则就不会有“拔剑四顾两茫然”等名句，日本武士和剑客的腰间都有佩剑就是受唐朝的影响（军官直到二战仍佩军刀指挥作战）。然而唐朝之后中日两国在文化和历史脉络上分道扬镳，日本在全面山寨大唐的基础上不断发展和完善了武家社会。日本吸取中国最多的是政治、经济制度。在文化方面，中国的汉字、围棋、佛经等很多文化元素传入日本后对日本社会也产生

◇ 左边人物为中大兄皇子

了重大影响。然而吊诡的是，使知识分子勇武之气销蚀殆尽的科举制度并没有被其吸收，而且在中国风靡2000年的《孙子兵法》传入日本后也被束之高阁、弃之不用。日本人创立了自己的兵法叫《斗战经》，认为它与中国兵法有着本质区别。《斗战经》强调刚毅、武力和冲锋，与此同时却认为《孙子兵法》追求的是“不战而屈人之兵”，也就是诡计、谋略和心术，而不讲求实力。这当然是一种误解，但也能反映大和民族对尚武与实力的认识。

相反中国到了宋朝反而实行了重文轻武政策，当然统治者有它自身的考虑：如果民众过于尚武可能危及皇权，军人割据不利于皇权的大一统，宁可继续实行科举制和文官制也不希望武官割据，因此武官的地位直线下降。在同一时期的日本，平清盛开始掌管朝政后，开启了“源平争霸”时代，进入武家草创时期，随后的镰仓幕府建立起了以武士为中心的武家社会，武士道也由此萌芽。镰仓幕府的建立开创了日本历史发展的新方向，使日本社会脱离了以中国为代表的东亚历史的常态，成为例外的异常存在，即尚武而非尚文的国家。到了室町时代，初起便南北朝对峙，战争不断；而后进入战国时代，更是群雄争锋，直到进入日本历史上的所谓近世，诸侯争战仍未有息。在持续不断的战火中，武士的重要作用一再凸显出来。进入近世之后，武家便彻底控制了政权，武士成了凌驾于农工商三民之上的全社会的统治集团。武士可以随身带刀并拥有各种特权，平头百姓没有反抗武士的权利，即使遭受蛮横无理的“格杀勿论”也无处申冤。

◇ 日本武士的装束

武家、武士统治天下，对武的取舍自然不同于“以文治天下”的中国皇权社会。“尚武”成为社会风尚，文弱则无以立身。1543年，葡萄牙人因风暴漂流到日本南方的种子岛，给日本带来了西方的武器。葡萄牙枪炮传入日本后，枪支和火药的制作方法很快便在日本各地迅速扩散，传入后仅10余年，日本全国已有30万支步枪。如此快的推广速度，当然与丰臣秀吉进行统一全国的战争有关，但也说明流行于全日本的尚武气息之甚嚣尘上。

日本人尚武性格的形成不仅在于唐朝时期受中国的影响，也是岛国的自然地理环境使然。由于日本是一个灾难频仍，多地震、多火山、多海啸的国家，且国土狭窄，自然资源极其匮乏，因此日本人需要通过习武来树立人的坚强不屈的精神，以应对各种的突发灾难，日本人为何如此具备抗打击能力的原因也在于此，这是为了让自己处于危险状态也不会恐惧紧张。就这样，先天的因素加上后天的条件，封建时代的日本人形成了全国上下皆尚武的风气。有一点值得关注，武士习惯于把头发剃成不伦不类的半月形，与同属于骑马民族的蒙古、匈奴的“露顶”，以及满族人“铜钱头”的发型相仿。因为平时总戴头盔作战，这一部分必须剃光，日本人的崇尚武勇由此可见一斑。

当西方列强侵入日本时，日本也是弱国。而民风强悍和尚武精神的保持，恰恰又是近代转型之际受到外敌威胁的弱国所特别需要的，是其生存与振起的重要精神条件，也是列强不敢轻易冒犯的因素。这既是幕末武士阶层在民族面临危机的时刻勇于采取行动，实现明治维新的力量源泉，也为近代日本走上军国主义道路提供了可能性。明治政府颁布的《废刀令》要求武士不能再配剑，由此武士社会虽然结束，但尚武精神仍在延续，日本人把这种精神转换为内在精神而存在，而且，将往日对武士阶级的敬意变成对军人和官僚的憧憬保留下来。

◇　日本武士

近代日本军国主义通过利用700年武家社会所培育的以忠诚和勇武为核心的武士道思想，积极教育和组织国民，使他们在思想与组织上和国家保持一致。对国家发动的侵略战争，日本普通民众能当兵、肯当兵、肯献身，形成举国一致的团结。日本军国主义以其当时的国力，之所以敢于发动侵略战争，妄图占领中国，其社会基础和精神力量的因素不可低估。

在战前的中学，正课里有体育、军训、武道等科目。体育是世界各国义务教育的通行课程，至于军训，在军部对教育横加干涉的年代，对青少年进行军事训练也可以理解。问题在于“武道”，这是日本中小学生独有的学习科目。武道课分柔道和剑道两种，学生必须从两者中选择一种，这明显带有日本特有的尚武精神的痕迹。九一八之前，日本初中入学率已接近百分之百，普通士兵受教育程度至少达到初中毕业水平。不要小看受教育程度，它对国民军事素养提升的作用不可小觑，达到初中文化程度的鬼子兵能够较容易地掌握近代军事技术，操作各种武器装备，看得懂军用地图，会做边匍匐前进边开枪等各种战术动作。

战败初期日本人的表现同样证明了日本人的尚武精神并未泯灭，“史上最强殖民地总督”麦克阿瑟深知日本民族的尚武本性有可能在未来重新构成对美国和世界的威胁，为此想方设法消除日本人的好战基因，甚至替日本政府拟制“和平

◇ 明治维新后日本内战期间最后的武士

宪法”，但从实际情况来看，效果可以说是微乎其微。当时的日本虽在美军占领和管治之下，但民族性中隐藏着的尚武习性仍然使普通日本人保持着乐观自信，力争上游，一定程度上可以说，尚武精神是这个好战民族赖以生存、发展、自救的力量源泉，尚武本性推动了日本重振国力，经济、科技、教育各领域的发展都因日本人血液中潜藏的尚武精神而打开了局面。

现今，尚武精神仅仅作为一种日本企业文化和个人修行以及在工作岗位上活学活用的模式和概念而存在。现在日本政府正在加强对青少年实施尚武精神教育，核心要义在于增强危机感。从它内部来看，是因为随着经济的高速发展，生活水平的提高，日本领导层担心民族精神钝化、尚武精神钝化，生活条件优越了，青少年会不会像他们的父辈一样去征战？所以，日本进行尚武精神教育，不是一两个政治家和政党的行为，是有条不紊的国家意志。

正因为长期以来作为统治者的武士阶层始终把尚武作为核心价值取向，坚持“以武治国”，所以直至今日的和平时期，日本人依然在一定程度上保持着军人警觉、果断的特性和勇于行动的作风。日本人未雨绸缪的危机意识、团队至上的服从观

◇ 丰臣秀吉所建的大阪城天守阁

念、整齐划一的行事风格、高度的组织效能等国民性格，与军队的特性不谋而合。当前的日本可谓歌舞升平，但好战基因并未消失，仍潜藏在日本民族的血液中，东日本大地震使得武士基因部分被激活；尽管今天绝大多数日本人厌恶战争，但有日本媒体声称，一旦进入战争模式，两周之内即可动员300万人参军。这就是难以理喻的日本的民族性格。

二、寓军于民的军工产业体系

也许很多人会误以为日本的军工生产集中于少数大企业，实则不然，日本军工生产并不集中，而是分散于各大企业之中，其目的是为了加强日本工业动员能力，保证战争潜力的基础。这一理念和举措有着深刻的内在原因，日本的经济和科技水平虽然雄厚，但由于资源贫乏，对外依赖程度很高，况且又是第二次世界大战的战败国，其军力发展受到种种限制，此外，日本军工产业素有分散生产的“传统”，延续着战前的理念。这些特殊的环境和条件，决定了日本在装备建设上采取“先民后军、以民支军”的发展思路和模式。

日本至今没有专门从事武器和装备生产的工厂。为了使军用技术与民用技术互相转让以利于战备，日本根据国情将发展重点放在民用工业上，装备的大部分研制和生产任务由防卫省通过合同方式委托民营企业实施，同时十分注重提高军工技术的潜力，要求民用工业拥有在战时稍经调整即可转为生产军工装备的能力。据统计，目前有资格与防卫省签订合同的企业有 2100 多家，其中除少数几家大型垄断企业外，绝大多数为中小企业或小微企业。凡有可能转为民用的项目都由防卫省委托民营企业研发，军方的主要任务是制定规划，签订合同，进行试验鉴定和组织定型等工作，目前已形成了官、军、民多层次的结构体制。其实防卫省的这一做法与战时日本陆海军一脉相承。二战期间，日本军部将各种武器装备的订单大量分散于中小型企业，甚至无数家庭作坊也得到了订单。军部认为，如果仅有个别大型企业能够生产某项装备，一旦战时工厂遭敌摧毁，就会导致该装备生产的全面中断，这也意味着其他企业无法复制和转移生产，减弱了装备生产能力。20 世纪 20 年代，时任日本政友会总裁犬养毅曾在党内大会上说：“一旦到了战时，全国的工厂和家庭皆为军需品工厂。”战时日本颁布的《军需工业动员法》明确国家可以在战时动员所有私营工厂和家庭生产武器装备，并规定予以适当补贴，以适应军备扩张之需。因此，日本政府将军工生产分散于各家的做法，实质上是为了确保战时的军工生产能力，以维持战争潜力，这种做法一直延续到今天。

现代战争中，军品科研生产和维修保障动员的地位作用日益突出，日本的军工装备研发主要依靠军民合作或以民为主来进行，军品生产和维修保障则完全依靠民用企业来进行。从表面上看，日本还没有一家纯粹的军工企业，但其军工生产能力非常强悍，有几千家民营企业都具备军工产品研发生产能力，有利于战时动员和转为军工企业，此举也能有效避免因军工企业过于集中而在战时遭到毁灭性打击。比如 74 式坦克和 90 式坦克的研制，防卫省技术研究本部和地方的三菱重工、三菱制钢、三菱电气、日本制钢、日本电气公司等企业都参加了研发，而且后者还承担了试制、生产任务。

日本年均造船能力约为 2000 万吨。战时若以 10% 的造船能力转产军舰，年产军舰吨位可达 200 万吨。据美国的估算，海自现有总吨位仅为 40 万吨，这意味着日本可在短期内增加好几个“八八舰队”，同时，日本在制造军舰时还尽量均摊制造，比如说“爱宕”级驱逐舰，分别由川崎重工、三菱重工、播磨重工三个公司完成，并将同样的子系统也分包给不同厂家制造，这也是日本武器价格一直高得出奇的原因，这种很不经济的做法使所有大厂都有尖端军工装备的制造经验。

◇ 太平洋战争中的日本零式飞机

二战期间，日本曾动员部分汽车工业转产飞机，在未来，日本只要动用 20% 的铝制造飞机，可年产 1 万架左右的作战飞机，如以 50% 的铝制造飞机可以年产 3 万架；当前，三大自卫队装备的导弹有 90% 是国产导弹，各种导弹的制导技术均居世界领先水平。然而令人意想不到的是，生产这些高尖端导弹的现有企业中，很多都是洗衣机生产厂商，这为战时转产导弹提供了广阔的天地。由于日本大型火箭生产技术成熟，一旦需要，日本有能力研发生产战略导弹。汽车工业方面，2009 年日本国内共生产汽车 793 万辆，但是其汽车产能一直在 1000 万辆以上，平均 5 吨民车可转产 1 吨军车。这便意味着坦克的产能也很大，仅三菱重工就拥有年产 2000 辆坦克的设备。此外，日本的化肥工业在战时可以迅速转产为炸药工业，在大部分发达国家将这种中低端工业生产转移到国外之际，一向精打细算、重视环保的日本人却保持着巨大的化肥生产能力以及硝酸等原料的生产能力，其用意不言自明。按现在美国陆军一个师在战时的炸药用量估算，日本转产后的炸药产量可以支撑 220 个师。

日本自卫队的武器装备大多已实现国产化，无法国产化的很大程度上主要是受制于美国。比如，上个世纪 70 年代日本曾提出反潜机和作战飞机的研制计划，但空军是进攻性军种，美国担心日本过度发展航空工业会对自身国家安全构成威胁，便迫使其放弃了部分计划或变成了联合研制。但日本并不甘心完全受制于美国，在军品科研生产中想尽办法“钻空子”、“打擦边球”，为今后动员生产预留“接口”。比如，日本自行研制的今年试飞成功的运输机 C-X 名义上是中型运输机，却采用了比伊尔 -76 大型运输机所用推力还大的发动机，货舱也比其更宽更高，这都为今后动员生产大型运输机做好了准备。日本还积极对研制军品的民用企业进行政策引导和扶持，以保持它们研制军品的技术储备、生产能力和参与热情。

当前日本对武器装备的生产持审慎态度，采取“少生产，多研制”的方针，注重技术储备，以试验定型为主，大规模生产为辅，意在储备技术力量和生产能力。一旦战时需要，可随时批量生产及大批购置。日本军工产业在平时保持较小规模，以便最大限度地减少发展军工对经济增长造成的副作用，但十分注重民用技术在紧急状态下迅速转化为军工生产的能力。由于科技的飞速发展，各种高新技术广泛应用于军事领域，使武器装备换代的周期大大缩短，加速了现有装备的淘汰和代谢，加之新式武器造价昂贵、风险大、周期长，如果每项科技成果都成批生产和大量装备部队，就会在武器装备更新换代中造成巨大浪费。

以坦克为例，日本在继 90 式坦克之后又于 2012 年研发生产了更先进的 10 式坦克，可日本周围是茫茫大海，大规模坦克作战的可能性几乎为零，为什么还要烧钱搞这个装备呢？其实这正是日本的精明之处，主要是为了维持研发能力。即使自卫队并不急需坦克，但为了确保军工研发能力不断线，保证科研梯队的发展，就必须烧钱去维持这个体系，哪怕只生产几十辆。正是通过一步一个脚印去提升研发实力，自卫队的装备科研水平才从战后的一穷二白发展到如今在世界上占有一席之地，自给程度达到了相当高的水平。从 1955 年第一艘自造舰艇“津轻号”敷设舰服役，到新型直升机航母 22DDH；从第一款 74 式自行榴弹炮到 99 式自行榴弹炮；从战后第一艘潜艇“亲潮号”（目前新型潜艇“亲潮级”与此重名）到现今的“苍龙级”AIP潜艇，日本已经在大国眼皮底下一步一步掌握了关键技术。

日本在强调自主发展装备的同时，还积极引进国外技术，其原则是引进那些本国基础薄弱，难以自行研制的项目以及研制周期长、耗资多的项目。对那些国内需求量少及没有必要开设生产线的装备，则向国外购买成品。目前，日本具有了高标准的质量控制技术，能迅速将国外技术与本国技术融为一体。

日本军工产业规模虽然不大，但其战时军工动员潜力不可小觑，它凭借强大的经济实力和发达的民用科技把军事实力“隐藏”于民间。受市场需求影响，日本现在的军工生产规模并不大，但日本很可能有实力在战时迅速扩大生产规模，这一点比较可怕，在这方面，日本有着丰富的“经验”。第二次世界大战中，日本有80%的民营企业被动员生产军用装备，军工产业规模在短时间内扩大了几十倍，比如1943年的军费开支占当年GDP的46%，是1931年的14倍，1945年这一比例更高，达到了史无前例的53.5%。

三、防卫费探秘

1. 何谓“钱少不经花”？

所谓军费，是指军队（有时也包括地方级别的准军事组织）支付给官兵的工资福利、武器装备、物资采购、保养维护、军队训练经费以及制定各类国防军事政策或作战计划等费用的总称。在和平时期，军费主要是维持军队日常运行的费用，而一旦战争来临，军费主要用于作战，变成“作战费”。军费还有个所谓狭义和广义的概念，狭义的军费是指陆海空军人员的人事费（工资待遇、人员招录）、装备维护与扩充费，也就是陆海空军所管经费的合计。不过由于不同国家在预算上的分类方法不同，有的国家把为了军备扩张以及发放军人抚恤费而对内发行的债券也计算入军费的范畴，这也可以称为广义上的军费。军费的开支项目中，人事费占了最大的比重，一般超过了装备费的开支。军费来源于每位国民缴纳的税金，也包括战争爆发前或战时政府发行的战争债券。

一国军力的强弱很大程度取决于该国的整体经济和科技实力。从经济学的视角来看，军队属于非生产性组织，即使对其进行了投资，也不可能通过再生产回笼投资金额，因而军队纯粹是一个消费性的组织。一般来说，在经济增长期，由于军队或军事机构会占用社会劳动力，一定程度上可能对社会大系统的经济活动产生阻碍作用，不过在经济不景气导致大量人口失业时，军队或者军工产业部门则可以吸纳过剩劳动力，对社会系统的平衡起到正面作用。

防卫预算是日本防务政策的风向标，2015年其防卫预算约为4.89万亿日元，比上一年度增长2%，居世界第六，集中反映了主张强化防卫能力的首相安倍晋三的意向。不过防卫费绝对值虽高，日本在编制防卫预算方面却有个所谓防卫费不突破国民生产总值（GNP）1%的限制和原则。这里需要指出的是，GNP和GDP（国内生产总值）是两个不同的概念，GNP中有一部分是本国拥有的生产要素在国外生产的最终产品价值，所以GNP的数额一般大于GDP。1952年日本的防卫费占了GNP的2.78%，之后防卫费的占比逐年下降，到1961年降到了GNP的1.2%，到1967年更是降至GNP的1%。1976年，正陷入洛克希德事件漩涡无法脱身的时任首相三木武夫为了提振国民对自己的支持率，做出了“各年度防卫费不得超过GNP的1%，将节省下来的经费用于改善民生”的指示，从此，三木内阁以降，历届内阁基本都遵循了这一“祖制”。比如前面提到，2013年度的防卫预算为46804亿日元，大致相当于GNP的1%。其实这个规定确立的时候，当时日本社会正处于“石油危机”之后的景气上升过程中，GNP仍在不断增长，防卫费尚有增加的空间，而三木内阁却出于选票和支持率的考虑，采取严格的紧缩防卫费的方针，博得了日本国民的认可和赞许。

不过也有例外的时候。上世纪80年代，因为承受不住美国方面要求日本更多地进行“防卫分担”的压力，日本开始逐年增加防卫费预算，到了1986年，中曾根康弘内阁违背了三木内阁确定的预算框架，废除了“1%原则”。从1987年开始的3年间，防卫费占GNP的比重连续突破1%，但增幅不大，占比分别为1.004%、1.013%、1.006%。

1986年12月30日，中曾根内阁召开临时内阁会议，首次明确1987年度的防卫预算将达到GNP的1.004%。虽然只是稍稍突破1%，但此举引发了日本国民的普遍质疑，老百姓担心一旦开了这个头，长此以往防卫费将会膨胀到何种程度，当时日本共产党抨击道：“中曾根此举改变了日本不走军事扩张道路的国际形象，一个和平的日本马上就要崩塌了。”最大的反对党社民党也指责：“战后至今已走过了 41 年，不拥有战争记忆的一代已占据日本社会的主流位置，政治的空气正在改变，不能不说非常遗憾。”从此后的现实来看，日本在编制防卫预算时一直遵循着防卫费比重不大于 GNP1% 的框架。

防卫预算从大的架构上而言，分为人事费和事业费两大块，而事业费又分为年度事业费和一般事业费。人事费主要指自卫队员的工资福利、退休金以及伙食费、服装费等开支。这个费用占了防卫总经费的最大比重，达 19896 亿日元；事业费，是指装备采购、维护、使用、人员的教育训练、场地设施建设、基地水电燃气费、装备研发、驻日美军分担费等费用的总称。以 2012、2013 年为例，其中，凡是基于 2012 年度（含）以前的合同约定，在 2013 年度支出的项目经费，都属于所谓的“岁出化经费”，有 16612 亿日元确定为 2013 年度的年度事业费。凡是基于 2013 年度的合同约定在当年支出的项目经费，都算作是一般事业费，也称为“活动经费”，2013 年度，这部分经费为 10296 亿日元。

2012、2013 年度防卫预算项目分类（单位：亿日元）

	2012 年度预算额	2013 年度预算额	增减额
防卫总预算	46453	46804	增 351
人事费、伙食费	20701	19896	减 806
事业费	25751	26908	增 1157
年度事业费	16315	16612	增 398
一般事业费	9437	10296	增 859

从上表不难看出，与 2012 年度相比，自卫队员的伙食费大幅削减了 806 亿日元，而与此同时其年度事业费和一般事业费都有不同幅度的增加，增加的经费几乎全部用于采购武器装备。即使如此，自卫队仍觉得钱不够花。

2014 年，日本空自的预算总金额为 1.1 万亿日元，看似不少，不过光是购买一架 F-15J 战斗机就要花掉 90 亿日元，而空自目前有 200 架 F-15J 战机，如果要全部新购的话总额将达到 1.8 万亿日元。空自现有 F-2 战机 80 架，购买一架需花 120 亿日元，两者相乘为 9600 亿日元，光这两项就需要 2.76 万亿日元，如果还要购买预警机、空中加油机等特殊机种则更为烧钱。

2. 把钱用在刀刃上

自 1976 年日本政府规定防卫预算所占 GNP 的比重不得超过 1% 以后，日本的防卫开支大体维持在这一比例，至今未变。不过近 20 年来防卫开支的内容却发生了结构性调整，从冷战时期偏重采购“正面装备”（即主战装备）转变为重视对信息化高技术兵器的研发与投入、重视对基地建设和人员待遇的投入。

1991 年，日本借美国发动海湾战争之机，向海湾派遣扫雷舰，率先冲破战后日本不向海外派兵的禁区，为日本自卫队走向海外打开了方便之门。自 1992 年日本国会通过 PKO 法案（《联合国维持和平活动合作法》）之后，日本政府迫于国内公众和国际舆论的压力，不得不宣布在今后 3 年削减 6345 亿日元的防卫预算，

◇ 海自采购的最新式极地科考船——“白濑号”

削减的重点是前线的武器系统。即使如此，自卫队仍本着“少而精”的原则，在当年购置了早期预警控制机 2 架和大型高技术扫海母舰 1 艘。到 1994 年，日本已连续 3 年大幅度削减防卫费，防卫费预算的增长速度也为 33 年最低，但是后勤装备、粮食费、人员待遇仍有所增加。自卫队人事费和后方建设费金额高于装备费的惯例从此形成。90 年代至今，自卫队官兵待遇和伙食费平均为 2 万亿日元，用于基地建设的费用也约为 2 万亿日元，而与此同时，装备采购和维持费的平均金额只有约为 1.8 万亿日元，反而是开支大项中相对较少的。在《2011 年以后的防卫计划大纲》中，日本将装备费和后勤建设费用的比例调整为各占整个防卫费的 22.4% 和 40.2%，后勤建设费用进一步增加。日本如此大幅度提高后方支援费的比例，其目的旨在力图使军事装备和后勤建设按比例协调发展，使后方支援能力与装备的发展水准相适应。

最近几年，防卫省拨付了专门资金力图大幅提高自卫队的指挥效率、控制水平，提高通信、侦察能力，以及反导防御和计算机防护能力。与此同时，日军还加紧了研究经费的投入。近 20 年来，日本自卫队的研究开发费持续增长，而且每年的增幅很大，与装备采购费逐年减少形成了鲜明对比。研究开发费的迅速增加，说明自卫队正在为 21 世纪的军事竞争做技术上的储备。

3.“平战结合”的经费管理模式

防卫省在防卫费的运作管理上，形成了一套严格的管理办法。以装备采购为例，一切有关装备的整体管理协调，都由防卫省下属的经理预算管理局和装备设施总部共同负责，前者管钱，主管总体预算，后者管装备物资采购，三大自卫队的采购任务全部由装备设施总部负责实施。

装备的采购分为中央采购和地方采购两种类型。装备设施总部和情报本部一样，是防卫省下设的特别机构之一，其职能就是负责中央采购，主要对车辆、舰艇、各型飞机、通信器材、各型弹药、军粮、燃料等装备进行大宗集中采购，中央采购的金额平均每年在 1.4 万亿至 1.6 万亿日元之间，其运作程序有着严格的规定。具体来说，首先由各幕僚监部提出下一年度经费需求计划，装备预算管理局根据这些方案制定总体预算需求并报财务省，财务省再将防卫预算列入国会审议。与此同时，陆海空各幕僚监部还要列出采购计划的明细提交装备设施总部，装备设施总部根据各自卫队的需求制订采购实施计划。

◇ 空自拥有令人羡慕的装备

地方采购主要是为各基地购买生鲜食品和办公用品，在紧急情况下也可采购部分装备，但每笔的最高采购金额不得超过 150 万日元。当然，地方采购为地方经济发展注入了一定活力，也含有改善自卫队形象的意图。陆自主管采购的部门是各补给处和各部队的军需科；海自是海幕装备部、地方总监部和军需管理队；空自则由各补给处和各部队的补给科负责。然而，执行年均 1.4 万亿日元中央采购任务的装备设施总部总是与贪腐纠缠不清，防卫省于 2007 年 9 月起设立了“防卫监察总部”以加强管控。每年近 7000 亿元的地方采购，则由防卫采购审议会和招标管理委员会进行监督。

自卫队在经费运行机制方面也是颇具特色。当前，自卫队实行的“平战结合”的经费联勤机制很值得一提。会计队对保障区域内的部队实行经费保障。战时采取由一个主要队种负责的统一保障体制。自卫队后勤机构以前是自成体系，各自为政，严重影响保障效率，浪费经费。为此，自卫队对部分“分勤型”体制进行改革，把分散实施的经费保障业务统一起来，使三军经费联勤体制有所加强。之所以采用“平战结合”的保障体制，目的在于确保经费的统筹安排和合理使用，适应平时与战时的需要。其经费保障部队会计队不仅实施直辖部队的经费保障，还负责首长指定的机关、部队的会计勤务支援，建立了从平时转为战时的经费保障机制。这种经费保障力量的编制有利于战时的扩编。日本建立了一支平时少而精、战时可迅速扩编的军事力量，平时服役的干部和士官比例高，士兵比例低，这样一旦战争需要，能以干部和士官为核心迅速扩编经费保障力量，满足作战经费保障需要。

此外，自卫队还实行社会化保障机制。自卫队认为，由社会承担一部分保障，既可以节省部队经费成本，又能充实作战人员，提高部队战斗力。于是，自卫队根据现代战争的要求，依据社会化保障力量，建立起军民兼容的保障体系，不断提高部队后勤保障社会化能力。在装备保障社会化方面，主要依靠地方公司进行装备科研和装备生产，以租借方式取得装备品，拓宽民品的租借范围。比如，海自的舰船建造主要依托三菱重工和川崎重工两家巨头。在运输保障社会化方面，除了有效利用地方的交通运输工具外，还征用地方的运输设施满足部队的需要。而自卫队实施“夺岛”训练和演习时，就多次租用大型民间运输船为自卫队输送兵力。

近年来，自卫队越来越多地通过电子商务来实施采购。自卫队认为电子商务不但可以加快商品支付速度，减少手工操作带来的失误，还能缩短交易时间，如充分应用于部分物资的采购供应中，可极大地提高防卫费使用效率。有关自卫队后勤管理机构的研究表明，通过电子商务，自卫队 10 年内可节约 500 亿日元。

4. 隐形军费

军费潜力是一国战争潜力的重要组成部分，从历史和现状看，战争的胜负大多跟一国的军费保障能力有关，最显而易见的就是军费开支的多少对兵员的动员规模有着很大的影响。而军费潜力的大小取决于一个国家总体经济实力、战略储备以及平时财政状况等因素，也跟国家资源状况、对外贸易和运输有一定关系。

高额的军费，使日本的军事力量和军事潜力稳步增长，日本自卫队的武器装备在冷战后继续走向高精尖，军费开支进一步向高科技装备倾斜。从绝对数值而言，日本 2015 年度的防卫预算只比上一年度增加了 2%，但细细分析不难发现，近 20 年来，日本的军事实力始终在持续增长。日本的 GDP 虽被中国超越，但在整体实力上仍堪称世界第二大经济强国，其经济规模和科技实力为世界所瞩目。美国国防部副部长沃尔福威茨曾说过这样一段话：“20 多年来，我一直密切注意日本

◇ 联合舰队的护卫队群

的动向。有时日本迈出的步子很小，但绝对没有后退。日积月累，就会产生重大的变化。”在防卫预算长期保持稳定甚至略有下降的情况下，日本在近10年中仍在不断打破“和平宪法”限制，最大限度挖掘潜力以提供经费保障，发展军事力量，并在很大程度上影响亚太地区的战略格局。

目前，日本的“经济寒冬”虽稍见好转，但受连年经济衰退的影响，政府不得不削减财政预算以渡难关。在这一背景下，其军费预算还能保持增长势头，足见日本在军事发展上的迫切心情。从《2014年以后的防卫计划大纲》的内容来看，自卫队未来5年总预算达25.16万亿日元，较“2010大纲”增加了3.8%，年均增长率为0.7%。这一预算额度可以说是日本政府所能承担的上限，可以满足自卫队未来5年军备发展之需求。从长远来看，日本的经济发展仍具有较大潜力，可以为未来发展提供充裕的经费保障。从短期来看，鉴于日本经济增长乏力且内债总额已达到1000万亿日元，在非战争背景下，防卫费大幅增长的可能性不大。不过自卫队通过“调结构”和“强能力”的方式，改变防卫费的投入和使用方式，仍能充分挖掘潜力，确保日本军事实力进一步增强。

虽然日本在2002年以后连续十年内因财政困难防卫预算有所减少，但是实际上防卫费有很多项目没有计入其中，防卫费仍有潜力可挖。日本2015年度的防卫费总额为4.89万亿日元，比2014年增长了约1500亿日元，不过真正用于防卫方面的拨款远远超过对外公布的数字。因为日本的防卫预算并不包括二战结束前旧军人及其家属的抚恤金和1765亿日元海上保安厅的预算费用，也不包括情报卫星等侦察手段以及宇宙开发等的预算（该项目的庞大开支由日本内阁府承担），而且还不包括对因东日本大地震造成自卫队基地装备破坏追加的补偿费用660亿日元。如把以上项目全部计算在内的话，日本军费开支将远远超过4.89万亿日元的数额，其规模可能会超过600亿美元。长期以来这种显性的和隐性的高额军费，使日本的军事力量和军事潜力稳步增长。日本与英国同属岛国，生存与繁荣主要依靠海上交通，但日本陆自拥有3倍于英国的坦克，2倍以上的舰艇及同等数量的先进战机。为此俄罗斯地缘政治学院院长伊瓦绍夫上将评论指出："最近20年来日本脱离了限制武装力量建设的宪法框架。要知道他们既没有过国防部，也没有过自己的总参谋部，只有国家防御力量，就是这样一支武装力量，长期以来不遗

◇ 陆自车载88式反舰导弹，被认为是实施"分队有限战争"的理想武器

余力地在积极增强自己的军事实力，建设强大的海上进攻战斗群，增强登陆作战能力和建设强大的航空战斗群，旨在从我们手中夺回北方领土。也许它对我们构不成威胁，但我们还是不能不密切关注自卫队的发展动向。”

日本是个高度工业化的国家，产品数量多，质量高，在国际上具有很强的竞争力。因此其外贸盈余多年来一直居世界前列，近年来日本的外汇储备都在2500亿美元左右，这将有力地保证日本战时有足够的财政动员能力。还有一点令人关注，日本2015年军费预算排名世界第六，但是占其GDP比重大致在1%，甚至低于中国的1.38%。如果将其军费调至各国平均GDP占比（3.2%），将达到14万亿日元左右。

当前日本社会弥漫着一种大幅增加防卫费、购买超出“和平宪法”理念框架的先进武器的论调，然而也许很多日本国民忘却了一个事实——战后日本经济之所以在短短20多年内实现飞速发展，一个重要原因就是日本政府通过《日美安保条约》的安排，将主要的国防职责委托给驻日美军，从而将节省的巨额防卫费投入经济建设。当前安倍晋三内阁频频发出扩充自卫队实力的信号，自卫队也接连对外展示尖端装备，这些动作与发动二战前的德国的所作所为相似，如果希特勒将国家预算投入经济社会发展而非扩军备战，那么此后的历史就有可能改写。

一旦爆发战争，日本的军费将不容小觑，历史业已呈现过一次，这一点值得关注。1937年，日本发动了全面侵华战争，战事的扩大使得这一年成为日本财政政策的一大分水岭。从此为前财政大臣高桥是清所坚守的稳健财政方针成为历史，而高桥是清也在1936年“二·二六”兵变过程中遇刺身亡。财政的框架大张旗鼓地走向膨胀化，其中陆海空的军费支出更是变得异常庞大，在国家预算中所占的比例急剧增长。日本陆军提出的预算要求整齐明确，陆军在要求庞大的预算时，为说明用途会附有并公布大量的机密文件。军方所要求的金额之大，只从预算书的厚度就能完全领略，当时预算书所用的纸张就像现在的面巾纸一样薄，可即便如此，整个年度的预算要求说明书叠加在一起也超过了成年男子的身高。值得注意的是，经常会有一大批费用都含糊地用“临时军事费”的名义提交到大藏省，而且占到预算总额的一半左右，而防卫厅成立后，每年的预算中也有很多以“临时费”的名目出现。1937年日本陆军的军费预算比上一年度剧增了4倍，而陆海军加在一起的军费总额占国家预算总额的比例竟高达69%。这样一来，以陆军为首的军事力量扩展计划高歌猛进。比如当时陆军航空兵只有18个中队，不过180架战斗机，而在1937年开始的“五年计划”中，扩充到128个中队，1200架战斗机。为此，日本陆海军给大藏省提出的预算要求变本加厉。但不管怎样，军费仍然得以有效筹措，为战争服务。日本在二战期间的军费支出平均占国家预算总额的75%，占国民生产总值的43.6%，1945年达到了最高比例53.5%，这表明日本政府有能力在战时采取措施大幅度增加军费开支。

这有赖于战时日本国民高储蓄率的支撑，储蓄不仅是战争经费的重要来源，还是防止通货膨胀不可或缺的手段之一。据推算，1942年日本的国民总收入的60%都转入了储蓄，老百姓只是靠着收入的三分之一在养家糊口，由此可见日本人的凝聚力。也正是这个在全世界都未见先例的高储蓄率，不但阻止了通货膨胀的发生，还使得日本居然有能力与美国抗衡四年之久。当然，由于日本的战败，导致老百姓的储蓄化为乌有。

四、“冬眠之蛇”的动员潜力

二战结束后日本军队和军工企业被解散、军事机构被撤销、武器装备被悉数销毁，战后至今由于“和平宪法”的存在，日本的战争动员能力受到很大制约甚至暂时冻结，但这并不能掩盖其蕴藏庞大战争动员能力的事实。当前日本在军事上走的是精兵之路，尽管经费充足，却始终只保有2个坦克团和16艘潜艇。真正在战时自卫队是不可能以现有规模来应付战争的，这一点自卫队心知肚明，日本做了很多精心巧妙的设计把战争潜力隐藏并储备起来，准备在战时彰显其动员能力。日本的战争动员能力就像一条“冬眠之蛇”，它是否会忘恩负义地“咬人”，目前还不敢妄下断言。但其是否已具备强大的能力，从其多年来进行的战争动员建设和准备中即可略知一二。

1. 武装力量动员

日本非常重视战争动员建设和准备。2002年，国会众参两院先后通过了《武力攻击事态法案》、《安全保障会议设置法部修订案》等“有事法制”的相关法案，确立了完整的战时动员体制。目前，日本已经形成了由首相、内阁、安全保障会议和国会共同组成的战争动员领导决策体制。其中，首相是全国武装力量的最高统帅；内阁是有关战争动员问题的最高领导决策机构，通过内阁会议来行使职权，实行首相负责制，成员包括所有国务大臣；安全保障会议是有关战争动员问题的最高决策咨询机构，实行主席负责制，主席由首相兼任，成员包括与战争和动员有关的所有要害部门的领导，其实就是个精简的小内阁，故在领导决策中也发挥着至关重要的作用；国会是最高国家权力机关，也是唯一的立法机关，主要职责是对有关战争动员问题进行立法、监督和审批等。为提高危机反应能力，日本还在《武力攻击事态法》中对国家政权的状态转换进行了明确规定，即当危机发生时，首相可提请内阁会议设立对策本部，并亲自担任部长，负责处理危机，如有变故则由其预先指定的国务大臣担任。

日本的战争动员执行体制较为完善。防卫省“地方协力本部”下设的地方联络部遍布全国 47 个都道府县，这些地方联络部主要负责三军兵员招募、预备役管理、退伍人员安置等工作。自卫队、政府和各行业的有关部门以及各种公共团体、指定公共机构等都普遍具有相应的动员职责。不过客观而言，目前日本尚未正式

◇ 民众步行抵达 2015 年度富士综合火力演习现场

建立战争动员组织体制，在某些重要行业主要依靠“日本兵器工业会”、“经团联防卫生产委员会”、“日本航空宇宙工业会”、“日本防卫装备工业会”等各种协会进行组织协调，这些非正式机构在面临战争危机时可能影响动员效率。

同时，日本在和平时期就做好干部士官储备，真打起仗来可迅速把战争潜力转化为战争能力，这一点日本相当厉害。自卫队总员额不过247173人（截至2015年4月），但仔细分析其结构就会发现很多问题。目前的自卫队实际上是典型的“架子部队”，干部和士官约为官兵总数的60%，这显然不是战时编制，只是动员扩编的基础。以陆自为例，当前干部、士官和士兵的比例大致为3:4:1，很多部队实行轮流指挥制。众所周知，培养指挥人员比培养普通士兵投入更大，周期更长，而士官则是现代化军队的中坚力量。欧美国家的士官制度成功地降低了军官比例，精简了指挥机构，同时提高了军队内部指令的执行落实效率，而日本在军队建设上全方位紧随美国，同时又拥有足够资源、技术条件、外部帮助等条件，却出现如此臃肿的指挥机构，其目的说穿了只有一个——战时迅速扩军。比如目前陆自一个师团仅有5000人，但是其战时动员能力就像压缩饼干一样能够膨胀。一旦开

◇ 陆自应急预备役队员赴灾区抢险

战，48 个小时之内这个师团就能扩充至 1.5 万人，两三天时间就能全副武装，做到了平时少养兵，战时多出兵。曾经有人估算，自卫队现有指挥框架足以指挥 300 万人的部队！

兵力动员是武装力量动员的应有之义，为弥补现役力量不足，在自卫队成立同时，日本就设立了预备役制度。发展到现在，日本的预备役共分三类。第一类是应急预备役，人员主要来自在自卫队服役 1 年以上并已经退役的优秀自卫队员，他们受训练程度最高，每年训练数次，要求具有与现役人员同样的训练水平和快速反应能力，约有 8467 人。“3·11”东日本大地震救援中，就曾有 1900 名应急预备役人员志愿参加救援任务。第二类是一般预备役，人员主要来自在自卫队服役 1 年以上并已经退役的军人以及经过候补预备役教育训练的人员，动员准备程度弱于应急预备役，是预备役的主体，每年训练 2 次，约有 47900 人。“3·11”东日本大地震救援中，曾有 4600 名一般预备役人员志愿参加救援任务。第三类是候补预备役，人员主要为来自社会的优秀专业技术人才和未曾加入自卫队者，以及未选入前两类预备役的退伍军人，动员准备程度弱于一般预备役，而且不承担服役和救灾的义务。候补预备役人员分“普通”和“技能”两类，“普通”类承担与一般预备役人员相同的任务，“技能”类承担科技、医疗及语言等技术专业任务。候补预备役人员完成训练并考试合格后，可升级加入一般预备役。为确保预备役特别是应急预备役训练的落实，日本采取了有力的补偿奖励措施。比如，雇用应急预备役人员的企业可领取国家补助金，预备役人员可领取各种津贴等。此外，日本有 23 个自卫队外围团体，也储备了很多后备力量。在普通士兵的培养上，日本借鉴了美国的技术型军人储备模式。在民间，小学到大学以及成人中对大量的通信、维修、损管、后勤、民防、船舶驾驶、飞机驾驶、电磁兼容等方面的人员进行训练。总规模大致在 30 万人，这些人为战时重要的兵力来源，相关经费投入属于隐性军费。

此外，自卫队的装备动员方式也是颇费心机，不仅战时可生产大量装备，还能动员大量“退役”装备上战场。比如虽然日本潜艇数量很少，但是却别有一番考量，别的国家潜艇服役 30 年才退役，日本的仅仅服役 10 年，在装备性能完好无损的情况下就退役了，将其密封或油封，打起仗来一启封，封存的潜艇又全须全尾地上战场了，日本在 30 年内换了 3 代潜艇，等于造了 30 艘。

2. 经济动员

在军工生产和民品转化能力方面，本章第二节分析了日本军工产业体系和它的潜力，除此之外，日本还非常注重在和平时期做好战略物资储备。日本资源贫乏，战争潜力能否保持，生产能力能否充分发挥，原料供应成为关键因素。日本非常重视战略物资储备工作，自上个世纪 80 年代便开始对战略物资进行大规模储备。目前，日本石油的储备约为 180 天，如果采取特殊经济政策，则可以满足长达 270 天的消耗，这已超越了美国石油储备可消耗的时间；铁矿石储备量约为 60 天，如果采取特殊经济政策，则可以满足长达 120 天的消耗，同时在神奈川县、大分县、濑户内海等地建设了铁矿石储备基地。当前日本的粮食储备约为 60 天。为了进一步增强储备能力，日本相继成立了铜振兴基金和稀有金属储备机构；在长崎县五岛列岛的青方湾建设近海油船式储备系统，储油能力约 520 万吨。为了确保战时生产体制转换期间的弹药供应，日本战略研究中心还建议平时应储备 3 个月以上作战需要的弹药。

◇ 美军上将访问自卫队

◇ 驻日美军岩国航空基地

3. 联盟动员

考察日本的战争动员能力，联盟动员绝不应被忽略，这也是以美国为首的西方国家非常重视的一种动员方式。当日本受到武力攻击时，美国有为日本提供武力保护及其他援助的义务。二战后日本与美国签订了《日美安全保障条约》，虽经数次修订，但一直保证了美军及其基地在日本的合法存在。目前，驻日美军诸军兵种非常齐全，总兵力共计 41942 人，都部署在日本的各个战略要地。近几年，美国积极进行战略东移，急欲扩大在西太平洋地区的存在和影响力，这使得日本的战略地位更加重要，日美同盟关系也更加密切。为加强日美同盟关系，两国还以法规形式在相关重要领域建立联系和协作机制，比如《日美相互提供物资与劳务协定》等。同时，为加强两国同盟关系的组织协调，还专门建立了“日美安全保障协商委员会”等诸多机构。

五、“海上出击战略”

如果说19世纪的战争是陆军和海军的两军交战，20世纪是包括空军在内的三军交战，那么进入21世纪，则是涵盖宇宙空间和网络空间的五军交战。所以，每个国家都在追求与以往不同的多维空间国防能力。从这个角度而言，安倍晋三希望加强日本的综合防卫能力，这是可以理解的。然而，每年都可能面临政权崩塌的日本政府到底能否控制得了拥有世界最尖端装备的自卫队，有识之士对此心存疑虑，惶惶不安。

日本的政治家现在依旧是三流水平，但操纵这些高科技装备的自卫队员的能力却堪称一流。随着自卫队地位的抬升，队员士气也有较大幅度的提高，自卫队的装备水平也日渐具备遂行信息化战争的能力。一旦进一步扩大自卫队的权限，

◇ 日美联合举行硫磺岛战役阵亡者追悼仪式

那么未来的局面恐怕不是这些三流政治家能够掌控得了的。也就是说，不能低估日本未来可能重犯过去愚蠢错误的危险性。

有一点可以肯定，无论“和平宪法”是否被修改，现行没有宣战权、只能防御不能进攻的“专守防卫”战略，事实上都会被束之高阁，因为在日本政治家和自卫队管理层眼中，四面环水的日本列岛的资源输入通道在战时极易被切断，如仍然拘泥于“专守防卫”战略，等待敌人进入国境后进行“本土决战”的话，结局只能是坐以待毙，这一点在硫磺岛和冲绳战役中已经证明。

那么未来日本将实施何种军事战略，会不会回到帝国时代的老路，恢复所谓的大陆进攻政策呢？笔者认为可能性极小。首先，当今世界和100年前相比已不可同日而语，靠战争来解决国家间争端的时代早已一去不返，而且即使日本要实行如此逆潮流而动的战略，恐怕也是力不从心，因为这样势必要保持每年2000亿美元以上的巨额军费开支，保持50万至60万人规模的陆海空军部队并持续生成强大的远洋投送能力，这显然是日本的国力无法承受的。

作为岛国的日本，未来很可能在军事上摒弃“专守防卫”战略而采取“海上出击战略”，这或将成为贯彻“积极和平主义”国家战略的抓手。顾名思义，实

◇ 日本高度重视海上力量建设，图为海自实施扫雷演习

施这一战略时的主战场在海洋（海面、上空及水下），无须侵入对方领土，也无须保持进攻别国领土所需要的大规模兵力，对于既想落实“积极和平主义”国家战略又希望避免成为军事超级大国的日本而言，“海上出击战略”称得上是未来日本作战指导和力量运用所应采取的唯一原则。很多自卫队将官相信，如果把“海上出击战略”作为构筑未来防卫体系的指导思想，就可保持充分遏制力而有效避免与他国发生战争。

其实早在100多年前，“海上出击战略”就已被有着“日本的马汉”之誉的帝国海军大学教授、战略理论家佐藤铁太郎大佐所提出。1908年，佐藤出版专著《帝国国防论》，书中鲜明提出，岛国日本应以英国为范本而成为一个纯粹的海洋型国家，将海上武装力量作为一线国防的主体构成。在佐藤看来，帝国海军的主要任务在于平时在全球范围内对帝国商船实施护航，在战时歼灭跨海来犯之敌，掌握制海权，而这一目标的实现，应以确立日本海军在西太平洋的局部优势为前提。他特别强调，日本的主要战略目标不应是在谋求成为海洋强国的同时还觊觎大陆国家领土，从而沦为“陆海复合型国家”，如此一来必然与英美等强国交恶，从而使整个民族陷入万劫不复之境地。他告诫当政者，明治维新30多年来的巨大

◇ 从左至右为日俄战争时期海军军官石井义太郎、伊地知彦次郎、佐藤铁太郎和下村延太郎

◇ 自卫队向正常军队迈进

成功正是由于奉行海洋国家战略带来的成果，而不是侵略大陆国家的结果。

也许是当局者迷或国运不济，在此后的 30 多年中，日本的国家战略发生了 180 度转变，掌握国家控制能力的军部念念不忘侵占大陆领土，一改以往的海洋国家战略，从而与英美为敌、向战争狂奔，而使整个国家误入歧途。然而，佐藤铁太郎只是区区军校教员一枚，他的话当政者怎么会听得进去呢？由于佐藤的“海上出击战略”理论与陆军的“大陆进攻战略”正好唱反调而被排斥，他的理论在 1930 年代以后长期被湮没，其本人也在晋升海军中将后黯然退役。

话说回来，虽然日本在军事战略、力量建设和战争动员领域着眼长远并精心谋划，但如果从宏观层面看，日本列岛孤悬于西太平洋，其战略物资和经济命脉完全依赖海上交通线这种永远无法改变的国情恐怕是其致命的弱点，即使实施“海上出击战略”也无济于事，最好的办法是不要考虑如何进行战争，而是考虑保持和平的问题。美国学者鲁斯·本尼迪克特在《菊与刀》开篇写道：“大和民族是世界上很奇异和独特的民族，没有一个民族像他们这样，生性既粗鲁好斗却又彬彬有礼，既桀骜不驯却又温和顺从，既顽固保守却又喜新厌旧，这是个崇尚武力、坚韧不拔和具有爆发力的民族，他们一手捧着柔美秀丽的菊花，一手提着锋利的武士刀，神情紧张地耸立在地球之巅”。这是一个既精明能干同时又令人费解的民族，这样的民族只要不犯方向性原则性的错误，就有可能立于不败之地，然而关键在于，它未必能始终做到这一点。为避免再酿战争的惨祸，现今再度崛起的自卫队值得世人高度关注。